ANDRÉ PATRY
ET LA PRÉSENCE DU QUÉBEC DANS LE MONDE
de Robert Aird
est le sept cent quatre-vingt-quatorzième ouvrage
publié chez
VLB ÉDITEUR
et le soixante et onzième de la collection
« Études québécoises »
dirigée par Robert Comeau.

VLB éditeur bénéficie du soutien de la Société de développement des entreprises culturelles du Québec (SODEC) pour son programme d'édition.

Gouvernement du Québec – Programme de crédit d'impôt pour l'édition de livres – Gestion SODEC.

Nous reconnaissons l'aide financière du gouvernement du Canada par l'entremise du Programme d'aide au développement de l'industrie de l'édition (PADIÉ) pour nos activités d'édition.

Nous remercions le Conseil des Arts du Canada de l'aide accordée à notre programme de publication.

ANDRÉ PATRY

ET LA PRÉSENCE DU QUÉBEC DANS LE MONDE

CHAIRE Hector-Fabre
d'histoire du Québec
UQÀM

La Chaire Hector-Fabre d'histoire du Québec a été créée à l'Université du Québec à Montréal (UQAM) en 2003. Cette chaire institutionnelle, dont Robert Comeau, professeur au Département d'histoire de l'UQAM, est le titulaire, a pour objectif de contribuer au développement et à la diffusion de recherches en histoire politique du Québec. Cette chaire est financée principalement par la Fondation du Prêt d'honneur, organisme sans but lucratif voué au soutien à l'éducation des jeunes Québécois depuis 1944, mais également par les trois centrales syndicales CSN, CSQ et FTQ, et par le Mouvement Desjardins.

La Chaire Hector-Fabre d'histoire du Québec encourage et soutient des projets de recherche de jeunes chercheurs et d'étudiants, organise des colloques et favorise la large diffusion de travaux s'inscrivant dans ses cinq axes de recherche par le biais de son site Internet, de sa participation au *Bulletin d'histoire politique* et par la coédition avec VLB éditeur d'ouvrages scientifiques paraissant dans la collection «Études québécoises».

Les cinq axes de recherche en histoire politique sont: l'enseignement et l'écriture de l'histoire au Québec; l'histoire du nationalisme québécois et de la formation de l'identité politique; l'histoire ouvrière et syndicale au Québec; l'histoire des relations internationales du Québec; et l'histoire des Canadiens français / Québécois face aux guerres.

Pour nous joindre: <chaire-hector-fabre@uqam.ca> ou <comeau.robert @uqam.ca>.

Site web: <www.unites.uqam.ca/chf>.

ROBERT AIRD

ANDRÉ PATRY

ET LA PRÉSENCE DU QUÉBEC
DANS LE MONDE

vlb éditeur

VLB ÉDITEUR
Une division du groupe Ville-Marie Littérature
1010, rue de La Gauchetière Est
Montréal, Québec H2L 2N5
Tél.: (514) 523-1182
Téléc.: (514) 282-7530
Courriel: vml@sogides.com

Maquette de la couverture: Christine Hébert

Catalogage avant publication de Bibliothèque et Archives Canada

Aird, Robert, 1975-

André Patry et la présence du Québec dans le monde
(Études québécoises)
Comprend des réf. bibliogr.
ISBN 2-89005-908-1

1. Patry, André, 1923- . 2. Québec (Province) – Relations avec l'étranger.
3. Québec (Province) – Politique et gouvernement – 1960-1976. 4. Conseillers
du gouvernement – Québec (Province) – Biographies. 5. Internationalistes
– Québec (Province) – Biographies. 6. Diplomates – Québec (Province)
– Biographies. I. Titre. II. Collection.

FC2925.1.P38A47   2005   971.4'04'092   C2005-940058-7

DISTRIBUTEURS EXCLUSIFS:

• Pour le Québec, le Canada
et les États-Unis:
LES MESSAGERIES ADP*
955, rue Amherst
Montréal, Québec H2L 3K4
Tél.: (514) 523-1182
Téléc.: (450) 674-6237
*Filiale de Sogides ltée

• Pour la Suisse:
TRANSAT SA
C.P. 3625, 1211 Genève 3
Tél.: 022 342 77 40
Téléc.: 022 343 46 46
Courriel: transat-diff@slatkine .com

• Pour la Belgique et la France:
Librairie du Québec / DNM
30, rue Gay-Lussac
75005 Paris
Tél.: 01 43 54 49 02
Téléc.: 0143 54 39 15
Courriel: liquebec@noos.fr
Site internet: www.quebec.libriszone.com

Pour en savoir davantage sur nos publications,
visitez notre site: **www.edvlb.com**
Autres sites à visiter: www.edhomme.com • www.edtypo.com
www.edjour.com • www.edhexagone.com • www.edutilis.com

© VLB ÉDITEUR et Robert Aird, 2005
Dépôt légal: 1er trimestre 2005
Bibliothèque nationale du Québec
Bibliothèque nationale du Canada
ISBN 2-89005-908-1

André Patry, le Québécois le plus raffiné, sans doute, qu'il m'ait été donné de rencontrer, le plus inclassable aussi, parce qu'il a beaucoup de classe. Il s'est toujours replié vers son mystère avant de se laisser circonscrire par une profession, un parti. Il a été diplomate sans l'être, journaliste sans l'être. Je crois cependant qu'il a été nationaliste en l'étant un peu, mais en se servant toujours de ses racines comme d'un tremplin vers l'universel.

JACQUES DUFRESNE,
L'Agora, octobre-novembre 1999.

Introduction

Les années 1960 pour le Québec sont celles du changement. Sa modernisation s'accompagne de nombreuses réformes dans les domaines économique, de l'éducation et de la santé. On assiste à l'apparition d'un État-providence. Le gouvernement du Québec assume l'héritage autonomiste de Duplessis, mais en le transformant en politique progressiste, nationaliste et revendicatrice. Désormais, on parlera de moins en moins de la « Province de Québec », mais plutôt de l'« État du Québec ». Car le Québec constitue bien un État, son gouvernement détenant la compétence exclusive dans plusieurs domaines qui prendront de plus en plus d'importance avec le temps. Afin d'assurer pleinement ses compétences internes, le Québec se tournera naturellement vers l'extérieur par nécessité, parce que son affirmation nationale commande l'ouverture sur le monde.

Claude Morin souligne avec justesse que « l'ouverture du Québec dans le monde s'est produite non pas à la suite de pressions populaires ou d'un besoin exprimé par la majorité des citoyens, mais à cause d'une orientation en ce sens du gouvernement du Québec[1] ». Il ajoute que cette orientation émanant du haut résulte des préoccupations et de l'action d'un très petit nombre de ministres et de hauts fonctionnaires, une dizaine, tout au plus, au début. Derrière les hommes politiques au pouvoir, qui s'illustrent comme les artisans de la politique extérieure québécoise, « on retrouve de nouveaux technocrates influents qui contribueront largement à animer la Révolution tranquille[2] ». Au nombre de ces mandarins[3] figure André Patry, conseiller en relations internationales, qui a tendance à éviter les feux de la rampe, préférant la discrétion et adoptant un profil bas. Ainsi, en dehors des cercles politique, universitaire et journalistique, peu de gens le connaissent. Cet ouvrage vise justement à mieux faire apprécier la contribution de cet homme à l'évolution de la société québécoise.

D'après Claude Morin, cette orientation vers l'extérieur répondait à des besoins véritables. Certains membres du gouvernement tenaient pour acquis que la modernisation du Québec passait en partie par la connaissance d'expériences étrangères; des responsables de divers ministères se sentaient obligés de se tourner vers l'extérieur pour trouver les moyens et le personnel indispensables à la mise en œuvre de leurs réformes (par exemple, Paul Gérin-Lajoie en éducation). Et finalement, en ce qui concerne les milieux intellectuels, Morin rappelle que « chez eux, depuis assez longtemps déjà, les contacts systématiques avec l'extérieur avaient pris figure de nécessité et il importait dorénavant de les accroître[4] ».

Patry fait partie de tous ces groupes à la fois. Comme nous allons le voir, il est engagé depuis longtemps dans les relations internationales, particulièrement en tant que professeur de droit international à l'Université Laval et superviseur des affaires publiques à Radio-Canada. Avant même d'être nommé conseiller spécial du premier ministre Daniel Johnson, il agit régulièrement auprès du gouvernement de Jean Lesage dans le domaine des relations avec l'étranger, puisque, pour lui, ces relations sont essentielles à la modernisation du Québec. Nous verrons comment, dans les années de la Révolution tranquille, André Patry contribue au développement des rapports internationaux du Québec.

L'un des moments forts de sa carrière demeure sans doute l'Expo 67 durant laquelle il agit comme chef du protocole du gouvernement du Québec. Daniel Johnson lui fait entièrement confiance, ne jetant même pas un regard sur ce qu'il fait ou sur ce qu'il prépare pour l'accueil des personnalités étrangères. Mais de sa contribution au renforcement de la présence du Québec sur la scène internationale on retient surtout l'élaboration de la théorie du prolongement international des compétences constitutionnelles de la province qui deviendra, par l'entremise d'un discours du ministre de l'Éducation que Patry rédigea presque en totalité, la fameuse « doctrine Gérin-Lajoie ». Il s'agit évidemment d'un grand moment de la carrière de

Patry, qui aime cependant à rappeler son travail concernant les relations avec le monde arabe. Nous aborderons également ce sujet, auquel n'importe quel chercheur qui travaillerait sur son fonds d'archives ne pourrait échapper, tellement il contient d'informations sur les relations entre le monde arabe et le Québec ou le Canada.

La carrière d'André Patry ne se limite pas à la brève description qui précède et à la période de la Révolution tranquille. En guise d'introduction, un survol général de cette carrière s'impose, afin de donner une juste idée de l'intérêt qu'il y a à consacrer une biographie intellectuelle à ce protagoniste important de l'histoire du Québec moderne.

Polyglotte et universitaire

André Patry naît le 15 juin 1923 dans la ville de Québec. Il fait ses études primaires au pensionnat Saint-Louis-de-Gonzague à Québec. Il entre ensuite au Petit Séminaire de Québec pour compléter son cours classique avec succès, ce qui lui permettra d'accéder à l'Université Laval. Après un baccalauréat ès arts, il obtient une licence en droit et une maîtrise en sciences sociales. Doué pour les langues et attiré par les relations internationales, il entreprend l'étude d'une dizaine de langues étrangères. Il en parle couramment sept, dont les principales langues romanes. Il confiera à Antoine Robitaille du quotidien *Le Devoir* que «les langues sont des barrières redoutables parce que certains concepts demeureront toujours intraduisibles[5]». En véritable internationaliste, il tente de franchir ces barrières en s'immergeant dans d'autres langues. Il est interprète pour les langues espagnole et portugaise à la première conférence de l'Organisation des Nations unies pour l'alimentation et l'agriculture (Food and Agriculture Organisation, FAO) tenue à Québec, en 1945, après avoir été le premier professeur de portugais dans cette ville.

Il connaît une riche carrière dans l'enseignement. Il est d'abord professeur de langue et de littérature françaises pour les étudiants étrangers dans le cadre des cours d'été de la Faculté des lettres de l'Université Laval de 1946 à 1965. À partir de 1953, et jusqu'en 1968, il enseigne en outre le droit international public à la Faculté de droit de l'Université Laval de

Québec et les relations internationales à la Faculté des sciences sociales de cette même institution, de 1959 à 1966, et à l'Université de Montréal, de 1959 à 1961. Au début des années 1960, à l'Université Laval, il devient le pionnier au Québec de l'enseignement universitaire francophone sur l'Afrique du Nord et le Proche-Orient. Par ailleurs, il termine sa carrière d'enseignant en donnant des cours sur le monde arabe à l'Université du Québec à Montréal, en 1979 et 1980. Il participe également à des séminaires et à des colloques dans les universités québécoises. Laval avait aussi créé pour lui les postes de secrétaire des relations extérieures de l'université (1950-1952) et de directeur des relations culturelles (1953-1956).

À titre de professeur, il enseigne à de nombreux étudiants qui deviendront des personnalités publiques, telles que Jean Chrétien, Brian Mulroney et surtout Lucien Bouchard qui deviendra son ami. Le fonds d'archives d'André Patry contient la correspondance échangée entre ces deux hommes à partir de 1988, lorsque Bouchard est nommé secrétaire d'État du Canada le 31 mars. Les lettres sont courtoises et comprennent des remerciements pour services rendus, des félicitations pour les succès de Bouchard. Elles démontrent sans aucun doute un respect de Bouchard à l'égard de Patry qui lui fournit de l'information concernant divers sujets. Les deux hommes se promettent à de nombreuses reprises de se rencontrer pour discuter de littérature, particulièrement d'André Malraux, bien connu de Patry[6]. Ils se voient encore à l'occasion.

La vie universitaire de Patry inclut aussi de nombreuses missions culturelles au cours desquelles il fera bénéficier les étrangers de ses connaissances, en plus d'aller chercher lui-même de l'information sur divers sujets, comme sur le système politique de la République fédérale d'Allemagne, en juillet 1955. En fait, il est invité à plusieurs reprises par des gouvernements étrangers : au Brésil (1948), à Cuba (1952), en France (1954 et 1972), en Allemagne (1956) et au Liban (1972).

Journaliste et auteur

Patry devient aussi un journaliste respecté pour sa lucidité et son détachement face aux événements et sa capacité d'offrir une information bien appuyée et une opinion cohérente et clairvoyante. Il collabore à *L'Action catholique* pour laquelle il rédige des articles d'intérêt international de 1940 à 1946. Plus tard, il écrira d'excellents articles dans la rubrique «L'opinion d'André Patry» pour *Le Nouveau Journal*[7]. Pour son premier article dans ce quotidien, le 7 septembre 1961, il est présenté aux lecteurs en ces termes:

> Il est à la fois professeur de droit, conférencier, journaliste, écrivain et polyglotte. Il parle couramment le français, l'anglais, l'espagnol, l'italien, le portugais et le roumain. Il a occupé des postes importants dans l'enseignement, le journalisme, les relations extérieures, la direction de divers organismes culturels. Il fut directeur de la section d'Amérique latine au service international de Radio-Canada; il collabore encore aux émissions éducatives de cet organisme. Il a été aussi secrétaire à la division des affaires politiques de l'OTAN, à Paris. Il a voyagé beaucoup et fait des séjours prolongés dans plusieurs pays. Parmi ses ouvrages, notons «Visages d'André Malraux» (1956) et «Le régime des cours d'eau internationaux» (1960). Comme conférencier, il a été invité par des universités et des gouvernements au pays et à l'étranger.

Nous ne sommes qu'en 1961 et la partie la plus riche de la vie professionnelle de Patry est encore à venir.

Plus tard, il tient une chronique dans *Le Devoir* de 1979 à 1981, en 1985, en 1990 et en 1998. Ces textes semblent bien appréciés comme en témoignent quelques-uns des commentaires de lecteurs recueillis dans le fonds d'archives de Patry[8]. Il entretient aussi une collaboration avec plusieurs autres périodiques canadiens et étrangers. Comme le mentionnait *Le Nouveau Journal*, Patry travaille pour Radio-Canada. Il occupe les fonctions de superviseur pour l'Amérique latine au réseau international (1952-1953), après avoir fondé, en 1945, le Service d'information interaméricain. Pendant cette période, il fait traduire et présenter en espagnol sur les ondes *Zone*, la pièce de Marcel Dubé. Avant de devenir superviseur des affaires publiques pour le réseau français (1962-1965), Patry agit comme conseiller et documentaliste pour les émissions de politique internationale[9]. Pendant ses trois années comme superviseur, il privilégie les commentaires sur les problèmes du monde arabe et favorise discrètement le point de vue des pays du Maghreb dans leurs relations difficiles, parfois violentes, avec Paris. Il manifestera un intérêt constant pour les pays arabes

qu'on peut attribuer à son éducation religieuse, la Palestine,
la Terre sainte, étant un pays arabe. Très tôt, dès l'époque de
son adolescence, il est fortement influencé par des écrivains
fascinés par l'Islam comme Henry de Monfreid, Pierre Loti et
les frères Tharaud. Bien avant ses voyages en Afrique du
Nord et au Proche-Orient, il acquiert une connaissance rudi-
mentaire de la langue arabe auprès d'un Père blanc retraité
qui l'avait apprise en Algérie. Cette découverte précoce de
l'arabe l'entraîne un peu plus tard à remonter par souci d'érudition jusqu'à l'une des plus anciennes langues sémitiques
connues, l'akkadien.

Sa fonction de documentaliste l'amène aussi à participer à
Radio-Canada, de 1981 à 1982, à une émission religieuse hebdomadaire intitulée *Second regard*. Il dirige également la production pour la télévision d'émissions consacrées à l'art chinois (1959), au Brésil (1962) et à la Cité du Vatican (1984).

Patry est aussi l'auteur de nombreux livres et brochures.
Dans notre biographie, nous évoquerons principalement les
ouvrages qui concernent la politique internationale. Soulignons tout de même deux œuvres singulières dont Patry est
particulièrement fier : *Matière, vie et psychisme* (1973)[10] et *Ces
pierres qui me parlent* (1999), un livre traitant des minéraux de
sa collection[11]. L'intérêt de Patry pour la connaissance dé-
borde largement le domaine politique. Il s'intéresse tout autant aux arts, à la littérature et à la science. Il est particulièrement fasciné par les récentes découvertes de la génétique.

Au cours de sa vie, il se met au service du public à plusieurs reprises. En 1956, il fonde le Comité d'accueil des réfugiés hongrois, pour ensuite devenir membre du Comité du
bien-être des immigrants. De 1955 à 1957, il devient secrétaire
de l'Institut canadien de Québec et vice-président du Comité
Guillaume-Budé de Québec (1956-1957). Fervent de ballet
contemporain, il est nommé, en 1973, président du Groupe de
la Place Royale de Montréal. Sa connaissance de la langue et
de la culture grecques facilite sa nomination comme membre
du conseil d'administration de la Société de fiducie canado-
hellénique, créée en 1975. Il siège d'ailleurs à plusieurs conseils d'administration : au Musée des beaux-arts de Montréal
(1975), au Centre de commerce international de Montréal (1984-
1986) et aux Fêtes de Montréal, en 1989. Enfin, il sera mem-

bre du conseil d'administration d'Hydro-Québec International, en 1995, le temps de rédiger un mémoire suggérant un
nouveau mode de développement à l'étranger de la société
d'État.

Au service de l'État du Québec

Au cours des années 1960, Patry entre au service de l'État du
Québec. En fait, il débute officieusement en tant que conseiller de Jean Lesage ou, comme il le dit lui-même, « conseiller à
la pige », de 1960 à 1966. Au mois d'août 1951, Jean Lesage,
alors secrétaire parlementaire du ministre des Affaires extérieures à Ottawa, dirige à Genève la délégation canadienne à
une conférence économique internationale, où il rencontre
André Patry, secrétaire des relations extérieures de l'Université Laval. Ce dernier doit prononcer une conférence à Nice,
au Centre Méditerranéen. Les deux Québécois « passent un
week-end sur la Côte d'Azur où ils deviennent des amis liés
par leur intérêt commun pour la politique étrangère du Canada et les relations diplomatiques[12] ». Lorsque Lesage devient
premier ministre du Québec, Patry amorce naturellement une
correspondance avec lui. Dès 1961, il suggère de créer des
agences commerciales aux États-Unis, en Italie, en Allemagne,
au Brésil et au Mexique.

Lesage est sensible aux conseils de Patry. Au cours des
années qui suivent, Patry devient un conseiller précieux du
gouvernement du Québec. Il contribue à l'éveil du Québec
aux relations extérieures. Il occupe les fonctions de conseiller
en relations internationales (1963-1966), de chef du protocole
et de conseiller spécial du premier ministre Daniel Johnson
(1966-1968), de sous-ministre de l'Immigration sous Jean-
Jacques Bertrand (1968-1970), de conseiller du ministre des
Affaires culturelles (1970-1972), de directeur intérimaire de la
Bibliothèque nationale (1972-1974), de directeur des affaires arabes auprès du ministère des Affaires intergouvernementales
(1974-1976), de président du Comité interministériel de l'année
olympique (1975-1976) et de délégué général du Québec en
Belgique et au Luxembourg (1978).

Il prend aussi de nombreuses initiatives en présentant des
projets qui aboutissent à des résultats très importants, comme

la création de la Commission interministérielle des affaires internationales (1965), celle du Service du protocole du Québec (1966), celle de l'Office franco-québécois pour la jeunesse (1967), celle du ministère de l'Immigration du Québec (1968), celle du Secrétariat général du gouvernement (1968) et celle de l'Ordre national du Québec (1968) (ce dernier ne sera finalement mis sur pied que dix ans plus tard sous le gouvernement Lévesque).

Finalement, il participe à plusieurs commissions. On lui confie, en 1958, la révision définitive du rapport de la commission Tremblay[13]. En 1964, il est expert à la Commission parlementaire sur la Constitution. Il est aussi membre de la Commission d'enquête sur l'enseignement des arts (dite commission Rioux) (1966) et du comité de rédaction du Livre blanc sur la culture (1966). Dans le même temps, il est secrétaire du Conseil des Arts du Québec (1965-1966). En 1987, il agit comme conseiller diplomatique du ministre des Relations internationales du Québec lors du sommet de la Francophonie tenu à Québec en 1987. En 1991, il est invité comme expert par la Commission parlementaire sur la souveraineté.

Notre principale source d'information pour rédiger cette biographie est le fonds d'archives d'André Patry, déposé aux Archives nationales du Québec à l'Université Laval et confié à la supervision de l'archiviste dévoué et compétent M. Christian Drolet. Nous utilisons aussi diverses entrevues et conversations que nous avons eues avec lui, ainsi que des articles de périodiques et des livres qu'il a écrits. Nous utilisons de même les articles publiés dans le *Bulletin d'histoire politique* par André Beaulieu, archiviste et première personne à avoir étudié le fonds. Le mémoire de maîtrise de Sylvain Guilmain, sous la direction de Robert Comeau à l'Université du Québec à Montréal (UQAM), qui s'attache au rôle de Patry dans les relations internationales de 1965 à 1968, nous a été d'un grand secours, en ce qui concerne cette période charnière. Finalement, plusieurs biographies d'acteurs politiques fournissent des témoignages sur André Patry.

Cette biographie ne touchera pas à tout ce qui vient d'être énuméré. Comme le sous-entend notre titre, elle met davantage l'accent sur la politique et les relations internationales[14]. Précisons aussi que cet ouvrage ne vise pas, comme d'autres l'ont déjà fait, à développer le contenu général des revendications sur la place du Québec dans le monde. Nous allons plutôt nous attarder à l'œuvre et au rôle spécifique d'André Patry.

Cet ouvrage retracera le parcours d'André Patry, de sa jeunesse jusqu'à aujourd'hui. Sa carrière d'internationaliste débute très tôt, alors qu'il n'a que 16 ans! Nous verrons d'abord ses premières expériences en relations internationales, dès les années 1940 et 1950. Les années 1960, période charnière autant pour le Québec que pour sa carrière, seront étudiées plus en détail. Nous consacrerons également un chapitre à la pensée d'André Patry à l'égard du statut particulier du Québec, afin de mieux cerner le sens de ses préoccupations et de son action. Nous nous attarderons également à son rôle dans les relations entre le Québec et les pays arabes, au cours des années 1970. Nous terminerons avec la période qui va de 1980 à nos jours. Aujourd'hui, octogénaire à la retraite, André Patry demeure toujours actif comme juriste-conseil au cabinet d'André Dorais, ainsi qu'auprès de l'État québécois.

Nous voulons montrer, tout au long de l'ouvrage, que son approche des relations internationales s'appuie sur l'action et non sur la seule théorie. Comme le dit si bien l'archiviste André Beaulieu, l'influence de Patry «est perceptible et aisément évaluable puisqu'il propose des gestes concrets, des façons de faire, des démarches qui sont de véritables scénarios. Il prévoit les réactions des acteurs d'un dossier et il suggère des stratégies pour les contrer. Toujours, il est posé, méticuleux, dynamique, respectueux et, souvent, visionnaire[15]». On peut conclure ici par le témoignage de Claude Morin qui écrit à Patry : «Tu as toujours possédé cette faculté indispensable qui consiste, dans les situations difficiles, à déceler les solutions originales dont trop de gens, qui en auraient pourtant besoin, ne voient pas l'existence ou qu'ils ne veulent pas exploiter quand ils les connaissent[16].»

CHAPITRE PREMIER

Premières armes
en relations internationales:
les années 1940 et 1950

Âgé de 16 ans, André Patry est étudiant au Petit Séminaire
de Québec. Il commence, à cette époque, à entretenir des rapports épistolaires avec des représentants diplomatiques et
consulaires étrangers établis au Canada. Doté d'une grande
maturité pour son âge, d'un esprit curieux et brillant, il écrit
régulièrement aux consuls d'Espagne, d'Italie, du Portugal et
de Hongrie. Déjà, il pose ses pions et commence à les faire
avancer sur l'échiquier de la politique internationale. Cette
correspondance sera par ailleurs très importante tout au long
de sa carrière. Il nous écrit: «Dès mon adolescence, […] je me
suis intéressé passionnément aux relations internationales.
Je consacrais alors tous mes loisirs à l'étude de l'histoire, de la
géographie, des langues étrangères et à l'observation attentive de la politique internationale[1].»

Ignorant son jeune âge que Patry prend bien soin de ne
pas dévoiler, de hautes personnalités acceptent tout naturellement de maintenir une correspondance avec lui. À une époque où le Québec se replie encore sur lui-même et refuse de
s'ouvrir au monde, ce jeune homme choisit de s'intéresser à
la politique internationale. À 20 ans, il organise ses premières
réceptions auxquelles assistent des membres du corps consulaire, chez ses parents, avenue de Bougainville à Québec !
À 21 ans, il offre à l'Hôtel Clarendon de Québec un premier

déjeuner regroupant quelques personnalités diplomatiques et universitaires parmi lesquelles se trouvent René Ristelhueber, ancien ministre de France au Canada, Cyrille Gagnon, recteur de l'Université Laval, Berthel Kuniholm, consul des États-Unis et le comte Henri d'Eltz[2].

Patry cherche alors à briser l'isolement duplessiste dans lequel le Québec est plongé : « Québec étant à l'époque le terminus maritime pour les étrangers de partout arrivant par bateau, beaucoup de grandes personnalités passaient par ma ville. Le gouvernement et mes concitoyens les ignoraient plus ou moins, ils faisaient du surplace[3]. » Plutôt que de vivre cet « étouffement du milieu » comme une fatalité, il multiplie « les contacts, les articles dans les journaux, les correspondances, satisfaisant ainsi son grand appétit pour le monde[4] ». Ses relations finissent par faire de lui l'organisateur des visites à Québec de personnalités diplomatiques étrangères en provenance d'Australie, d'Haïti, de Cuba, du Brésil, du Chili et, plus tard, de Pologne, de Suisse, de Suède, etc. Parfois, il accueillera lui-même les personnalités étrangères et s'occupera de leur séjour. On reconnaît tout de même, en 1951, l'importance d'une mission italienne qui va attirer l'attention du gouvernement québécois. Giuseppe Brusasca, sous-secrétaire d'État aux Affaires étrangères, préside cette mission et parvient à obtenir un entretien avec Antoine Rivard, solliciteur général de la province, afin de discuter des problèmes suscités, sur le plan scolaire, par l'arrivée au Québec de centaines d'immigrants italiens. Le contact se fait grâce à Patry, habile dans la langue italienne[5], qui accueille la mission à la gare du Palais et offre une réception en son honneur à la résidence de ses parents, à laquelle assiste le ministre Antoine Rivard. Patry dira de ces entretiens que le « ministre se montre attentif aux propos de ses interlocuteurs ; mais comme il appartient à un gouvernement défavorable à l'immigration, rien ne ressort de ces discussions[6] ».

La lecture de plusieurs lettres rassemblées dans le fonds de Patry nous révèle qu'il savait agir habilement avec les diplomates. Par exemple, René Ristelhueber[7], ancien ministre plénipotentiaire de France à Ottawa, trouve Patry « sympathique et efficace » et est enchanté par « l'accueil extrêmement cordial et spontané non seulement de la part de l'Université [Laval], mais de tous les milieux[8]». Il ne manque pas d'ajouter: «Je sais que c'est en grande partie grâce à vous et à la façon habile dont vous avez préparé le terrain.» Pour manifester si tôt des qualités de diplomate, sans avoir appris ce métier nulle part ni de personne, il faut croire que ce fin gentleman et cet hôte exceptionnel avait la diplomatie qui lui coulait dans les veines. «C'est dans sa nature. La courtoisie, le respect des formes et des fonctions, la précision et les nuances du langage et de l'organisation, le souci du détail enfin, sont chez lui des traits de caractère, des composantes d'un tempérament davantage que des aptitudes développées pour faire carrière[9].»

Un jeune intellectuel bien de son temps

Certains diplomates, à partir de juillet 1940, connaissent le travail du collaborateur de L'Action catholique qui fait preuve d'une bonne information[10]. Plus tard, Patry admettra qu'à l'époque, il était parfois naïf dans son interprétation des événements politiques. Son observation attentive de la politique internationale le porte à croire que les relations extérieures du Canada sont trop étroitement subordonnées aux intérêts de l'Angleterre. Afin d'échapper à l'impérialisme britannique, il prône l'indépendance du Québec et la création d'une république souveraine. Dans une note qu'il nous a transmise, il écrit:

> Auparavant, j'étais enclin à voir le Québec comme l'une des provinces particulière d'un pays dont je souhaitais ouvertement la présence souveraine sur la scène internationale. Cette province se distinguait des huit autres par ses institutions et sa langue, et j'étais un partisan militant de son autonomie. Mais dans les circonstances je n'allais pas au-delà. Le gouvernement provincial d'alors me répugnait[11].

À l'âge de 14 ans, il fait un discours devant ses confrères de la classe de syntaxe du Petit Séminaire en faveur de l'indépendance du Québec! On peut deviner alors qu'il soutenait les séparatistes de son époque. La pensée de ce jeune intellectuel mérite une mise en contexte. Durant les années 1930, particulièrement entre 1936 et 1939, de nombreux intellectuels, dont plusieurs deviendront des nationalistes progressistes au cours de la Révolution tranquille comme Patry lui-même, adhèrent au séparatisme et au pétainisme. Bien qu'ils ne soient pas pour la plupart des adeptes de Hitler et du nazisme, ils admirent les dictateurs fascistes qui sont au pouvoir dans plusieurs pays catholiques et de tradition latine. Ce soutien débute lorsque le Duce redonne le pouvoir temporel au Saint-Siège avec les accords du Latran en 1929[12]. De plus, les États fascistes étant fortement anticommunistes, ils suscitent évidemment la reconnaissance des catholiques en servant de rempart à l'athéisme des Bolcheviks. Les jeunes du Petit Séminaire peuvent difficilement échapper au discours du clergé qui soutient ces pays de tradition catholique et latine : « Pour L'Action catholique et la bonne presse, Mussolini, Salazar et Franco constituaient bel et bien une nouvelle trinité face à la triple menace des communistes, des maçons et des Juifs[13]. »

Le séparatisme de cette période est dirigé contre l'Angleterre et l'Empire britannique, mais non contre le Canada en tant que tel. Il existe évidemment de nombreux facteurs, remontant à la Conquête de 1760, qui expliquent ce nationalisme. Mais en plus de ceux-ci, on retrouve la position d'intellectuels comme Paul Bouchard, admiré alors par le jeune adolescent du Petit Séminaire, et Jean-Louis Gagnon, qui constatent l'échec de la démocratie libérale, de l'économie de marché et de la libre entreprise d'origine anglo-saxonne. Rappelons que l'Occident est aux prises avec la Grande Dépression que seule la guerre viendra résorber. Le fascisme, ou du moins le corporatisme, désigne une troisième voie à suivre, entre capitalisme et communisme. Selon Bouchard, la démocratie parlementaire est contraire au génie et au caractère des sociétés d'origine ou de culture latines. Pour lui, la latinité inclut surtout l'Italie, l'Espagne, le Portugal, le Mexique et l'Amérique du Sud, parce que la France a « quitté le giron de l'Ordre latin, celui de l'absolutisme politique et du catholicisme considéré comme religion d'État[14] ». Est-ce cette affection pour la latinité de Bouchard[15] qui amène aussi Patry à étudier les langues romanes ? Selon lui, sa passion pour celles-ci est indépendante de la pensée véhiculée par le journal de Bouchard La Nation et provient simplement d'un vif intérêt pour le latin, dont il apprécie la concision.

Quelques rapports épistolaires

Patry a donc été atteint pour une courte période par un courant intellectuel et idéologique trouble. Par exemple, quelques articles montrent qu'il soutenait fermement Franco contre les républicains et le Japon contre la Chine[16]. Il est aussi farouchement anticommuniste. Mais à cette époque de conflits, de bouleversements, de tensions, de propagande de guerre et de peur, les écrits de Patry sont déjà appréciés comme le démontre bien le plus ancien document de son fonds d'archives. Dans une lettre du 30 janvier 1941, Akira Matsui, attaché à la légation impériale du Japon à Ottawa, exprime sa reconnaissance à Patry pour ses efforts en vue d'améliorer la compréhension mutuelle entre le Japon et le Canada[17]. Faisant référence à son article du 20 février 1941[18], Iwasaki, un autre diplomate japonais en poste à Ottawa, lui écrit : « *I feel that your contribution will undoubtedly have a calming effect on the reader, which is most welcome in these days when alarming headlines about the situation in the Far East are featured in the North American press and when the state of public opinion is so excitable.* » Dans cette même lettre, il répond aussi aux questions de Patry concernant la signature éventuelle d'un pacte de non-agression entre le Japon et l'URSS, alors que l'Empire du soleil levant est anticommuniste. Sa réponse n'est pas sans intérêt :

> [...] *it seems to me that it would perhaps be difficult to give a logical answer. I am to understand that it is a fact that Japon has been fighting Communism and its intrigues just as Manchouko and the Central Government of China have been combating the nefarious doings of Communism. However, the relations between Japan and Soviet Russia being normal, it would seem to be unwise to create needless irritation when the maintenance of peace in the Pacific is so desirable. By considering the recent developments in East Asia, you might yourself conclude that a practical attitude is to be preferred to a logicial one.*

En d'autres mots, le Japon, suffisamment occupé à ce moment-là à étendre sa « sphère de coprospérité » en Chine et dans l'Asie du Sud-Est, jugeait indispensable d'éloigner le danger soviétique au nord de sa frontière, tout en sachant pourtant que l'affrontement était inévitable.

La correspondance avec Matsui et Iwasaki, comme avec bien d'autres, montre qu'à l'origine Patry tente d'obtenir des renseignements relatifs aux questions internationales qui concernent les pays (France, Italie, Japon, Hongrie, Brésil, Belgique, Pays-Bas, Pologne) auxquels appartiennent les personnalités approchées. Pendant la guerre, il correspond également avec le ministère des Affaires extérieures du Canada.

À partir de juillet 1940, Patry tire profit de ses articles dans L'*Action catholique* pour étendre ses relations aux représentants à Ottawa des pays occupés par les puissances de l'Axe et à ceux des pays restés à l'écart de la guerre (Espagne, Turquie, Argentine). Par exemple, Georges Depasta, ministre de Grèce au Canada, informe Patry, à ce moment secrétaire de la Société de géographie de Québec, que la Turquie s'est régulièrement portée au secours de la Grèce en lui envoyant, depuis le début de l'occupation, des vivres par bateau. Le diplomate ajoute: «C'est un acte de la part de la Turquie pour lequel la Grèce lui sera toujours reconnaissante[19].»

Une autre lettre provient du ministre plénipotentiaire de l'Union soviétique à Ottawa, Feodor Gousev, qui remercie Patry de sa lettre de vœux au peuple soviétique qui combat avec un incroyable courage l'envahisseur allemand[20]. Il dit même espérer pouvoir lui envoyer des livres à propos de la lutte des Soviétiques contre les hordes de Hitler, ce qu'il fera au dire de Patry.

Il est aussi pertinent d'évoquer la lettre d'Adam Zurowski, secrétaire à la légation polonaise à Ottawa, datée du 4 mai 1943[21]. Le Polonais y dénonce la propagande soviétique et les tergiversations de l'URSS (refus d'une enquête de la Croix-Rouge, réponses évasives aux nombreuses interventions polonaises au sujet des prisonniers) concernant le massacre de Katyn qui tendent à démontrer que les Soviétiques auraient été directement impliqués[22].

Finalement, soulignons une lettre du 12 avril 1944 de la légation polonaise concernant le séjour au Canada de l'abbé Thaddée Kotowski. Ce dernier arrive au pays le 8 décembre 1942 en provenance du Brésil à l'invitation des autorités canadiennes. Comme l'indique Patry, il est officiellement «au pays pour relater en témoin oculaire les événements survenus en Pologne depuis l'ouverture des hostilités[23]». En réalité, «il est chargé par la Commission d'information en temps de guerre (*Wartime Information Board*) d'accroître l'effort de guerre des

Québécois ». Avant de quitter le pays, et après avoir prononcé des sermons et des conférences, il remet à la Commission un rapport peu flatteur pour les Québécois. Le contenu de ce rapport parvient à quelques membres des Communes, dont le député Dorion qui ne manque pas, à la Chambre, de poser des questions précises sur la mission de l'abbé. Mackenzie King répond de façon évasive et ment en affirmant que l'ecclésiastique n'a reçu aucune instruction spéciale de la Commission. Pourtant, la lettre de la légation affirme qu'il n'existe aucun lien entre les autorités polonaises et l'abbé Kotowski. La note confidentielle indique même que ce dernier travaille plutôt pour le *Wartime Information Board* du Canada et qu'il entretient des liens avec le Comité français de la libération nationale.

Un intérêt marqué pour l'Amérique latine

Son intérêt pour l'Amérique latine débute lorsqu'il suit des cours de latin au Séminaire de Québec. Un jour qu'il tombe sur un journal en langue espagnole, il s'aperçoit qu'il peut le lire à première vue. Il décide alors d'apprendre cette langue, ce qu'il fera d'ailleurs avec facilité. Tout comme l'italien et le portugais, il apprend l'espagnol seul, à l'aide de livres, pendant qu'il est étudiant au cours classique. Il choisit de faire un usage concret et rationnel de ses connaissances en lisant d'abord la presse d'Amérique latine. Dès 1943, il montre un vif intérêt pour les échanges avec le Brésil. Il maintient un rapport étroit avec l'ambassade du Brésil à Ottawa. En 1945, il devient collaborateur du quotidien *A Noite* de Rio de Janeiro. Par la suite, en 1948, dans le cadre d'une entente culturelle conclue en 1944 avec le Canada, il fait un séjour de cinq mois au Brésil où il donne des conférences sur le Canada français en langue portugaise à la radio et dans la langue de Molière à l'Alliance française. Le ministère québécois du Commerce et de l'Industrie profite de la mission culturelle de Patry pour lui demander un rapport sur les possibilités d'échanges d'ordre économique entre le Québec et l'ancienne colonie portugaise, moyennant une somme de 300 $. Il retourne au Brésil, en 1962, pour y diriger une équipe de la télévision de Radio-Canada d'où sortira une série de quatre demi-heures. En 1952, en mission culturelle pour l'Université Laval, il donne une conférence à l'Université Villanueva de La Havane[24].

En fait, il faut souligner que l'Université Laval va créer à son intention les postes de secrétaire des relations extérieures de l'Université Laval qu'il occupe de 1950 à 1952 et de directeur des relations culturelles, de 1953 à 1956. Dans le cadre de ses fonctions, il s'occupe du séjour des conférenciers provenant de l'extérieur et vient en aide aux étudiants étrangers, particulièrement aux réfugiés. Durant cette période, il fait évidemment des rencontres intéressantes et très utiles, dont celle du grand orientaliste français René Grousset[25]. C'est dans l'exercice de ses fonctions qu'il s'engage activement dans les fêtes du centenaire de l'Université Laval en 1952 où il est notamment en charge de la vingtaine d'ambassadeurs étrangers venus à Québec pour le grand dîner officiel, dont on lui confie la responsabilité. On ne peut que constater que, bien avant la Révolution tranquille, Patry a le souci de faire connaître sa patrie et de contribuer à son rayonnement.

Ses relations, sa connaissance des pays sud-américains en feront même une sorte d'attaché de presse de la représentation d'Haïti au Canada entre 1943 et 1947[26] et, à certains moments, le consul intérimaire de la République dominicaine à Québec[27]. Deux pays pourtant rivaux. Ce détail montre bien que Patry se révélait un homme de confiance avec qui les secrets étaient bien gardés. Au début des années 1940, il amorce des rapports personnels avec le consul de la République dominicaine. Ce dernier éprouvant des difficultés à écrire en français, il confie à Patry le soin de traduire les documents reçus en espagnol. Peu à peu, la confiance s'établit entre les deux hommes et Patry reçoit, à l'âge de 20 ans, des fonctions d'ordre consulaire. Quand le consul doit partir à l'étranger, il nomme le jeune homme pour le remplacer pendant son absence. Dans le même temps, Patry agit comme attaché de presse d'Haïti, en tant qu'agent du Service d'information interaméricain qu'il avait fondé en 1944. Ce service qui fonctionnera pendant six ans avait pour objectif de fournir des renseignements sur l'Amérique latine, principalement le Brésil et Haïti, aux journaux du Québec. Il cherche aussi à faire publier par des périodiques de Québec des articles sur des pays d'Amérique latine. Ces diverses fonctions lui permettent d'acquérir une expérience précieuse et d'accroître son bagage intellectuel.

En 1946, alors qu'il travaille pour le consulat de la République dominicaine, il constate à la lecture d'un document secret que le président Trujillo avait versé des millions de dollars à son homologue haïtien Lescot, pour éviter sans doute que ce dernier ne proteste publiquement contre le massacre de 18 000 planteurs haïtiens en 1937[28]. On prend soin d'étouffer l'affaire. Rappelons que les États-Unis, après l'attaque de Pearl Harbor, avaient reçu le soutien des pays d'Amérique latine, sauf de l'Argentine, dans leur guerre contre les puissances de l'Axe. Pour consolider l'effort de guerre et l'unité continentale, Washington demande à ces pays de mettre de côté leurs querelles.

Son travail de journaliste et son statut universitaire, ajoutés aux rapports épistolaires qu'il prend soin d'établir, lui valent donc, très tôt, une respectabilité et une réputation qui ne failliront pas. La seule ombre au tableau de cette courte période dans la vie professionnelle de Patry, mise à part la totale absence d'un service du protocole au gouvernement du Québec, concerne deux visites de la Gendarmerie royale du Canada (GRC)! Les autorités fédérales qui imposent la censure et alimentent la propagande de guerre, particulièrement intensive à l'égard des Canadiens français réticents à s'enrôler, semblent se méfier de Patry. Ainsi, à la suite d'un article paru dans *L'Action catholique* sur les relations sino-japonaises, en juillet 1940, la GRC se rend à Beaumont où Patry passe l'été avec ses parents. Les agents se contentent d'un simple coup d'œil à ce jeune homme de 17 ans pour se convaincre qu'il est inoffensif! En 1942, la GRC récidive (elle avait, semble-t-il, oublié sa première visite) pour un article de Patry qui défend la position neutraliste de l'Espagne[29]. Des agents s'informent auprès des voisins de Patry qui leur indiquent que celui-ci est un étudiant du Séminaire et qu'il n'a rien d'un élément subversif. Ces vérifications de la GRC montrent à quel point il était inusité pour un collaborateur d'un journal québécois de traiter librement de politique internationale. Mais le point culminant de cette courte période demeure ses relations privilégiées avec la famille impériale d'Autriche, alors installée à Sillery, qui lui donnent l'occasion d'avoir de passionnantes discussions politiques sur le sort des pays d'Europe centrale et balkanique dans l'après-guerre.

Au service de la famille impériale d'Autriche

L'invasion allemande oblige la famille impériale d'Autriche, alors établie en Belgique, à s'exiler en Amérique en 1940. L'archiduc Otto, chef de la maison de Habsbourg, choisit la ville de New York avec son conseiller diplomatique, le comte Henri de Degenfeld. Sa mère, l'impératrice Zita, s'installe plutôt à Québec dans la villa Saint-Joseph avec quatre de ses enfants qui fréquentent tous des institutions québécoises. Cette dame qui n'a pas renoncé à la couronne tient un langage de souveraine. Elle manifeste un attachement particulier au Tyrol du Sud, cédé à l'Italie après la Première Guerre mondiale, qu'elle dit toujours attaché à la maison d'Autriche. Quant à son fils aîné, il œuvre ouvertement à la libération de l'Autriche et discrètement au rétablissement à Vienne du trône auquel son père n'avait jamais vraiment renoncé. «À New York, le prince François de Windisch-Graetz (qui appartient à l'une des grandes familles de l'Empire austro-hongrois) déclare qu'il n'imagine aucune reconstruction paisible et durable de l'Europe centrale sans les Habsbourg. Et un va-et-vient entre les deux villes laisse croire que Québec joue un certain rôle dans la stratégie de l'archiduc Otto[30].»

La famille Habsbourg impliquera André Patry dans ses projets de recouvrer le trône d'Autriche. Ses chroniques internationales dans *L'Action catholique* attirent l'attention d'un ancien officier de la cour installé à Québec, le comte Henri d'Eltz. Il présente le jeune Canadien français, âgé de moins de 20 ans, à la dame de compagnie de Zita, la comtesse de Kerssenbroch. Or, en mai 1943, cette dernière est présente à une réception offerte par l'Université Laval à Lord Halifax, ambassadeur de Grande-Bretagne à Washington et chancelier de l'Université d'Oxford. Patry est également convié à cette réception à laquelle assistent les plus hautes personnalités politiques et intellectuelles de Québec. Laissons-lui la parole:

> [...] je note qu'une dame grande et mince, vêtue de noir et, contrairement aux autres invitées, la tête couverte d'un chapeau,

s'entretient depuis un moment avec le lieutenant-gouverneur. Près d'elle, mais derrière, se tient, silencieuse, une dame âgée que je connaissais déjà [la dame de compagnie]. Dès qu'elle m'aperçoit, elle me fait signe de m'approcher. Puis, profitant du moment opportun, elle me présente à la dame en noir que, dans l'intervalle, j'avais identifiée, et qui était la veuve du dernier souverain de l'empire austro-hongrois, Charles, mort en 1922[31].

Zita sollicite alors l'aide de Patry. De fait, il effectue, à la demande de son entourage, « un sondage auprès des représentants au Canada des gouvernements polonais, yougoslave et tchécoslovaque en vue de connaître la réaction de ces derniers à l'égard d'un retour éventuel des Habsbourg à Vienne[32] ». L'enquête de Patry révélera l'indifférence de la Pologne et la vive opposition de la Tchécoslovaquie. Quant à la Yougoslavie, elle posera, comme condition préalable au retour de la vieille dynastie, l'intangibilité des frontières de son pays. Plus tard, Patry dira qu'évidemment l'impératrice avait d'autres moyens d'obtenir de l'information et que les réponses qu'il recevait, elle les obtenait déjà par le biais de son fils Otto. Cependant, son travail ne se faisait pas en vain et les informations recueillies s'ajoutaient au dossier. Ce fut sa première véritable mission diplomatique.

L'affaire des trésors polonais

L'affaire des trésors polonais est bien racontée par André Patry dans son ouvrage *Le Québec dans le monde*. Il maîtrise non seulement très bien le dossier, mais il y joue aussi un rôle. En juillet 1940, une importante collection d'œuvres d'art et de manuscrits polonais en provenance du château de Wawel arrive au Canada et est déposée à Ottawa dans les locaux des archives administratives, bien à l'abri des pilleurs nazis. Les autorités canadiennes ne reçoivent aucun inventaire, bien qu'elles conservent, tout comme les Polonais, les clefs du local où sont entreposées les collections. Les Polonais ont la responsabilité de sa garde.

Le 23 avril 1943, l'Union soviétique rompt ses relations diplomatiques avec le gouvernement polonais exilé à Londres et reconnaît plutôt le Comité polonais de libération nationale, fondé par le socialiste Osubka-Morawski en juin 1944, comme gouvernement provisoire de la Pologne. Sachant sans doute que les jours du gouvernement en exil sont comptés, le ministre de Pologne au Canada, Waclaw Babinski, décide, sans prévenir les autorités canadiennes, de répartir la plupart des objets dans des endroits sûrs, à l'abri des réclamations éventuelles du gouvernement provisoire soutenu par Moscou. Des manuscrits et des articles sont confiés aux voûtes d'une succursale de la Banque de Montréal à Ottawa et d'autres objets sont déposés au monastère du Précieux-Sang, aussi dans la capitale. Les pièces les plus précieuses sont envoyées au monastère des rédemptoristes à Sainte-Anne-de-Beaupré, à la demande du consul de Pologne à Montréal, Brzezinski, et avec l'accord de l'archevêque de Québec.

Or, en juillet 1945, le Canada reconnaît finalement le gouvernement constitué par le Comité de libération et met fin à ses relations avec le gouvernement en exil. Le représentant du nouveau gouvernement de Pologne à Ottawa, Alfred Fiderkiewicz, apprend la disparition de la plupart des objets déposés en 1940 et demande au ministère des Affaires extérieures de prendre des mesures pour restituer les trésors à leur local originaire d'où ils seront ensuite acheminés en Pologne. Bien que les autorités canadiennes déclinent toute responsabilité dans cette affaire, elles entament des recherches en vue de trouver les nouveaux dépositaires. On met finalement la main sur la collection placée à la Banque de Montréal, mais le reste demeure introuvable. La Pologne continue d'insister en exigeant de poursuivre les « receleurs ». Ottawa décide d'impliquer la GRC qui apprend en janvier 1948 que les collections déposées au monastère des rédemptoristes avaient été transportées à l'Hôtel-Dieu de Québec et confiées aux sœurs hospitalières qui placèrent les objets dans leur couvent. Rapidement, le gouvernement de Varsovie, par le biais d'un secrétaire de sa légation à Ottawa, Bielski, réclame la remise des collections à la légation polonaise.

La sœur supérieure du couvent agit plutôt selon les ordres de Babinski et de l'archevêque de Québec. Elle demande alors à Duplessis d'intervenir pour que les trésors soient transférés au Musée de Québec, afin qu'ils échappent aux autorités canadiennes. Duplessis, un anticommuniste à la recherche de la moindre occasion pour entretenir la peur des rouges (et

faire obstacle aux revendications ouvrières), déclare à la presse
que les trésors avaient été confiés aux sœurs de l'Hôtel-Dieu,
« parce que les autorités légalement constituées craignaient, à
bon droit, qu'ils ne soient pillés ou volés, suivant leurs habi-
tudes, par Staline et ses communistes athées[33] ». Il salit au passage les ministres fédéraux en soulignant leur collaboration
avec les agents de Staline et de son gouvernement polonais,
au point d'avoir ordonné à la GRC d'ignorer les lois et de vio-
ler un cloître. Ottawa dénonce évidemment la déclaration de
Duplessis et le dossier sur les trésors polonais prend alors des
proportions insoupçonnées. Ottawa choisit de ne pas intervenir dans le conflit opposant la Pologne et le gouvernement du
Québec et propose aux deux parties de recourir aux tribunaux. Cette position est rejetée par la Pologne qui y voit un litige entre deux États souverains, la Pologne et le Canada.

Le Canada reste tout de même sur ses positions et la Pologne portera l'affaire devant les Nations unies. Elle traînera en
longueur, jusqu'à la mort de Duplessis qui demeurera intrai-
table. Patry souligne que celui-ci « inventera même, à un certain
moment, un complot communiste pour le vol des collections
polonaises ». Après la mort du premier ministre, Patry, qui ne
manquait pas de suivre le dossier, sera enfin mis à contribution pour sortir l'affaire de l'impasse. Paul Sauvé, qui succède
à Duplessis, discute avec l'évêque de London, Mgr Cody, de retour de Pologne, qui demande que le Québec remette les trésors
au gouvernement polonais. Même l'ancien consul qui avait
participé à l'entreposage des trésors au monastère, Brzezinski,
se dit favorable au retour des œuvres d'art au musée de Wawel.
Finalement, Ketrynski, consul général de Pologne à Montréal
et délégué aux Nations unies, que Patry décrit comme rusé et
subtil, reçoit d'Ottawa l'autorisation de traiter avec le gouvernement du Québec. Patry le met en rapport avec Jacques Laro-
che, le chef de cabinet du premier ministre Paul Sauvé. Dans
une lettre du 6 octobre 1959, on apprend également que Patry
reçoit à sa demeure Ketrynski et le chargé d'affaires de la
légation, Kolak. Le consul fait part de ses récriminations devant le manque de coopération et la mauvaise volonté d'Ottawa. Dans une lettre du 10 octobre, on devine que Patry a bien
joué son rôle de médiateur, puisque le consul le remercie de
son intervention et considère l'affaire comme réglée.

Mais c'est finalement sous Jean Lesage que les trésors retourneront à la Pologne, à la satisfaction de tous. En concluant sur cette affaire, Patry remarque avec justesse que « paradoxalement, le seul litige international provoqué jusqu'ici par le Québec aura été l'œuvre d'un gouvernement qui avait tenté d'isoler les Québécois en les enfermant dans un provincialisme anachronique ».

La Conférence des Nations unies à Québec[34]

En mai 1943, des délégués des Nations unies se réunissent à Hot Springs dans l'État de Virginie et créent une commission intérimaire chargée de rédiger un projet de charte pour la future Organisation des Nations unies pour l'alimentation et l'agriculture (mieux connue sous son sigle anglais, FAO, pour Food and Agriculture Organisation). L'un des représentants canadiens, L. B. Pearson, est élu président de cette commission en juillet.

La première conférence de la FAO a lieu à Québec le 16 octobre 1945. En tant que directeur du Service d'information interaméricain, Patry demande et obtient son accréditation comme correspondant à cette conférence. Au moment où il s'inscrit, on lui propose d'agir comme interprète auprès des délégations d'Amérique latine. En cette double qualité, il est mêlé à tout ce qui se passe à la conférence.

Dans la salle de bal du château Frontenac, en présence des délégués d'une vingtaine d'États, Patry assiste à la séance d'ouverture de la conférence qui donnera naissance à la FAO. Le Québec est représenté par son lieutenant-gouverneur, Eugène Fiset, et la ville de Québec par son maire, Lucien Borne. Personne n'y assiste au nom du gouvernement du Québec, dont le premier ministre d'alors est Duplessis.

C'est la première fois que des États arabes sont en mission en terre canadienne. Quatre d'entre eux sont présents à la conférence de la FAO: l'Égypte, l'Iraq, le Liban et la Syrie. Trois parmi eux sont francophones et se déclarent séduits par Québec. Ils découvrent l'importance historique des communautés arabophones au Québec. Le délégué du Liban, Maurice Tabet, est tellement intéressé par le Canada qu'il obtiendra quelques années plus tard que son pays ouvre un consulat général à Ottawa, lequel sera la première représentation d'un État arabe dans la capitale fédérale. Pour Patry, ce sera le début de contacts politiques avec le monde arabe, qui auront une grande importance sur son orientation professionnelle. Il écrit :

> Je me lierai alors d'une amitié durable avec le délégué du Liban et remarquerai, en même temps, le sérieux du délégué d'Iraq. Ce diplomate m'a fourni un exemple de l'attachement des Iraquiens au modèle britannique et convaincu de l'existence à Bagdad d'une élite de culture européenne. Cette impression se confirmera dans la suite à travers mes nombreux contacts officiels et personnels avec des fonctionnaires iraquiens[35].

Patry jouera aussi un autre rôle. Pendant la conférence, Pearson est interrogé par le journal *Le Soleil*. Il déclare que rien « ne répugnait » à ce que la ville de Québec fût désignée comme siège de la FAO. C'est en tenant compte de cette attitude que Patry crée un lobby en faveur de sa ville et qu'il fait la tournée des délégations d'Amérique latine dans lesquelles il voyait des alliés naturels de son projet. Au même moment, il anime également une émission de radio hebdomadaire au poste CHRC en français et en espagnol, qui s'appelle *Buenos Amigos*. Il y invite le doyen des délégués d'Amérique latine, Julián Caceres, ambassadeur du Honduras à Washington, qui vient parler officieusement au nom de ses collègues. Au cours de l'entretien radiophonique, il se compromet en soutenant la proposition d'établir le siège de la FAO à Québec. Près de soixante ans plus tard, Patry est toujours persuadé que si le gouvernement du Québec s'était intéressé à la candidature de sa capitale, celle-ci aurait eu des chances de devenir le siège d'une organisation internationale, ce qui aurait peut-être influé, à l'époque, sur le milieu québécois, qui s'ouvrait peu à peu aux réalités internationales, comme le démontre la création de sociétés d'amitié tournées vers l'Amérique latine, particulièrement le Mexique, le Brésil et Haïti[36]. Il y avait d'ailleurs, en 1945, plusieurs consulats de pays latino-américains à Québec et l'Argentine y était représentée par un consul de carrière. Malheureusement, Ottawa ne se prononce pas sur cette candidature et Québec reste muet. Encore une fois, cet épisode démontre que Patry était en avance sur son temps ou, à tout le moins, sur le gouvernement du Québec. Il devra attendre encore quinze années pour que sa lucidité et sa clairvoyance soient quelque peu récompensées, lorsque le Québec entreprendra sa modernisation politique. Nous y reviendrons.

Au service des réfugiés

Vers 1955, Patry devient membre du Comité du bien-être des immigrants, une société bénévole qui vient en aide aux *displaced persons*, les DP, comme on les appelait à l'époque[37]. Il s'agissait de personnes déplacées par la guerre. Le comité est dirigé par une dame Beaulieu, femme modeste et âgée. Il est composé d'une dizaine de bénévoles dévoués qui collaborent avec les fonctionnaires fédéraux du ministère de l'Immigration. Patry, professeur réputé de l'Université Laval, fait profiter le comité de ses contacts auprès de certains milieux québécois. Il fait de la sollicitation, cherche à loger les réfugiés et à leur trouver un protecteur.

En octobre 1956, la Hongrie se révolte contre l'URSS et son gouvernement satellite. La répression qui accompagne le soulèvement amène inévitablement de nombreux Hongrois à fuir le pays. Ils sont accueillis par l'Ordre souverain de Malte[38] aux frontières de l'Autriche. Or, l'Ordre découvre que quelqu'un assure la suite des choses au Canada. Cet homme, c'est André Patry, qui a lui-même pris l'initiative de mettre sur pied un comité d'accueil des réfugiés hongrois à Québec. Cette initiative lui vaudra de recevoir dix ans plus tard la distinction de Grand Officier au Mérite de l'Ordre souverain de Malte (Rome). Il fait ce travail bénévolement et pour parvenir à comprendre les nouveaux arrivants, il apprend des rudiments de leur langue pendant la nuit et va ensuite les accueillir le jour à leur arrivée au port de Québec! Comme quoi l'intérêt pour les langues est chose naturelle chez lui, d'autant que le hongrois n'a rien de commun avec les autres langues européennes[39]. Pour assurer le fonctionnement de ce comité, il fait aussi de la sollicitation auprès du milieu des affaires afin d'obtenir des fonds. Le comité cesse ses activités avec l'arrêt de l'immigration hongroise. Rappelons que nous sommes à une époque où le gouvernement du Québec ne se soucie aucunement d'immigration, contrairement à Patry qui s'intéresse à cette question pourtant fondamentale. Il sera d'ailleurs de ceux qui proposeront la création d'un ministère de l'Immigration au Québec, né tardivement en 1968. Il en deviendra, du reste, le premier sous-ministre.

Les écrits de Patry

Patry est aussi auteur. En 1956, il publie une brochure qui expose la situation de l'industrie pétrolière en Égypte, en Iraq et dans les pays de la péninsule arabique[40]. L'ouvrage contient de nombreuses données géographiques et économiques et traite d'une industrie qui commence alors à connaître une véritable croissance dans la région. Patry y fait également une intéressante et brève histoire de la production et de la consommation du pétrole, en plus de retracer la genèse et l'évolution du commerce pétrolier au Moyen-Orient qui prend son envol à partir de janvier 1908 avec la première extraction commerciale du pétrole à Masjid-i-Sulaïman, ville frontalière de l'Iraq. Il écrit, peu de temps après, un second petit livre concernant la juridiction des cours d'eau internationaux[41]. Il traite de l'usage multiple des cours d'eau et des lacs internationaux qui suscitent des problèmes de voisinage entre les États. L'étude se penche sur quelques-uns de ces problèmes, par exemple, le cas du Saint-Laurent, et expose les principales règles auxquelles on a eu recours en Amérique du Nord et en Europe occidentale pour parvenir à les résoudre. En plus de faire un historique de la question, il s'intéresse à la délimitation des frontières fluviales et lacustres, à la navigation fluviale et à l'utilisation industrielle et agricole des cours d'eau internationaux.

En 1956, il publie aux Éditions de l'Hexagone un autre livre qui retiendra l'attention : *Visages d'André Malraux*. Patry est probablement le Québécois qui a le mieux connu l'écrivain français, entretenant avec lui des relations qui dureront près de vingt ans. Dans ce bref ouvrage, il dresse une synthèse éclairante de la vie de Malraux, en plus d'en dégager les événements marquants.

Pourquoi Malraux ? La seconde publication de Patry sur ce dernier, *Regards sur André Malraux*, permet de mieux éclairer leurs relations[42]. La lecture de *La psychologie de l'art* procure à Patry une «excitation intellectuelle» similaire à celle éprouvée en 1946 par la découverte du *Déclin de l'Occident* publié l'année précédente. Ébloui, écrit-il, par l'étendue des connaissances de Malraux, et déconcerté par ses affirmations lapidaires telles que «Rome n'a pas d'art», il décide d'étudier l'œuvre de cet auteur de génie comme il l'avait fait précédemment pour Paul Valéry. Il nourrit alors l'idée de rencontrer Malraux. À la fin de 1953, estimant sa connaissance de l'œuvre satisfaisante, il entreprend des démarches par l'entremise de René Garneau, le chargé des affaires culturelles à l'ambassade du Canada à Paris. Il rencontre enfin Malraux le 4 mars 1954, à Boulogne-sur-Seine. Une seconde entrevue peu de temps après le convainc de consacrer une étude critique à l'esthétique de Malraux. Ce sera le début d'une correspondance sporadique entre les deux hommes.

On retrouve entièrement cette correspondance dans le fonds d'archives de Patry et un résumé de celle-ci dans *Regards sur André Malraux*. On apprend, par exemple, que Patry prépare pour Malraux, alors ministre d'État, un document confidentiel où sont brièvement décrites les personnalités politiques qu'il doit rencontrer à Ottawa et à Montréal, lors de sa visite officielle au Canada en 1963. Son dernier entretien avec Malraux remonte à juillet 1968 à Paris où il lui explique les raisons de l'annulation du voyage de Daniel Johnson en France, le premier ministre ayant subi une crise cardiaque. Il écrit: «Nous parlons de la politique québécoise et de l'avenir du Québec. Je prends congé d'un homme que les événements de Mai 68 avaient assombri[43].»

Pour terminer, signalons qu'il publie plusieurs articles portant sur des sujets d'intérêt international dans la *Revue dominicaine*, de 1946 à 1951, et dans *Le Devoir*. L'un de ces articles concerne le nationalisme arabe. On présente Patry, alors superviseur de la section des affaires politiques à Radio-Canada, comme un «spécialiste des questions de politique étrangère et notamment de celles qui intéressent le monde arabe et l'Amérique latine[44]». Il rentre tout juste d'un séjour dans les pays du Moyen-Orient. Cette entrevue à propos de l'évolution de cette région vient encore démontrer que Patry est un bon connaisseur du monde arabe et cette qualité sera, plus tard, remarquée par l'entourage de Robert Bourassa. Nous y reviendrons plus loin.

À la veille de la Révolution tranquille

En 1957, las du duplessisme, Patry quitte momentanément l'Université pour entrer au service de la direction politique de l'OTAN, par l'entremise de ses contacts à Ottawa. Il devient secrétaire à la division des affaires politiques de l'OTAN en 1957 et 1958. Il s'occupe des activités culturelles (bourses d'études, séjours d'experts, etc.) et consacre un temps considérable à l'analyse des relations entre la Chine et l'Union soviétique, ainsi que de la politique intérieure de la Roumanie[45]. En 1958, il publie d'ailleurs une série de deux articles concernant la Chine[46]. Ils comprennent une synthèse étendue de l'histoire de la Chine et de ses relations avec l'étranger, particulièrement avec l'Occident et la Russie. L'approche géostratégique de ces observations reflète bien un aspect de son travail au sein de l'OTAN.

Notons que ces articles ne manifestent pas de véritable prise de position idéologique. Patry n'est plus le jeune étudiant collaborateur de L'Action catholique, mais un universitaire qui détient une connaissance approfondie et objective de la politique. Toutefois, l'OTAN ne recrutait pas ses fonctionnaires sans évidemment faire une enquête sur eux. Patry s'avérait un démocrate qu'on ne pouvait accuser de sympathie à l'égard des dictatures communistes. Mais soulignons qu'il y avait tout de même une marge entre l'anticommunisme primaire de l'époque maccarthyste et la position de Patry. Par exemple, ses articles des années 1960 montrent son appui aux divers mouvements de libération. Pour lui, c'est là avant tout affaire de libération nationale et les allégeances idéologiques de ces mouvements n'ont pas la même importance. Un exemple parmi d'autres concerne la révolution cubaine. Dans l'un de ses articles, il compare cette révolution avec celles du Mexique, de la Bolivie et du Guatemala pour constater que «seule l'expérience cubaine fait vraiment figure d'entreprise révolutionnaire» en voulant servir de modèle à l'Amérique latine[47]. Il écrit que «Castro s'est lancé dans l'action révolutionnaire sans doctrine et sans programme précis; il a laissé au milieu cubain le soin de trouver les solutions qui lui pouvaient convenir: il en est sorti une expérience qui participe à la fois du socialisme et du fascisme de type italien, et dont les résultats, vus de l'étranger, paraissent satisfaisants». Il reconnaît l'objectif de Castro «d'étendre au reste du pays la prospérité dont jouissait la province de La Havane, s'attaquant ainsi au problème de la concentration des richesses autour de la capitale nationale, qui est l'un des maux les plus graves dont souffrent la plupart des États de l'Amérique latine». Il voit cependant bien l'obstacle à cette révolution : l'hostilité américaine. Bien qu'elle soit alors contournée par l'aide du bloc communiste, il se demande : «Les Américains comprendront-ils à temps que les masses latino-américaines se sont trouvé une capitale qui n'est pas celle de leurs dirigeants, et qu'elles supportent de moins en moins ces structures féodales, héritées de l'histoire, qui les livrent depuis si longtemps à l'exploitation la plus honteuse?»

À l'OTAN, il appartient au personnel international et ne relève pas de la mission permanente du Canada. Ses fonctions lui permettent d'assister à certaines réunions du Conseil atlantique où il peut s'entretenir avec des représentants des États membres et recevoir des documents secrets. De cet épisode, il retient l'attitude méprisante de certains représentants étrangers à l'égard de la France, dont l'instabilité ministérielle était la risée de l'Occident. Il en fera part à Malraux :

> Viscéralement attaché à la terre de mes ancêtres, je me sens incapable de fermer les yeux devant des positions et des manœuvres qui me paraissent desservir les intérêts de la France. Je décide, en décembre 1957, d'aller chez André Malraux, qui voit fréquemment le général de Gaulle, et de lui communiquer des renseignements de nature à retenir l'attention du chef du Rassemblement du Peuple Français, dont on pouvait déjà prévoir qu'il reviendrait à la tête de son pays. Malraux m'écoute intensément. Il m'interroge brièvement sur des points précis, puis conclut l'entretien par ces mots : «Je dirai à qui vous savez ce que vous venez de me dire. Merci[48].»

Lors de la crise de Chypre, il est présent à la Conférence des ambassadeurs des pays membres et il assiste au pénible échange entre le délégué permanent de la Turquie et les autres délégués, qu'il accusait d'appuyer la Grèce, parce que la Turquie était un pays musulman. Patry nous a raconté que l'atmosphère était glaciale et que le Turc était au bord des larmes !

En décembre 1957, il assiste à la conférence au sommet des pays de l'OTAN convoquée à la suite du lancement du premier spoutnik par les Soviétiques. À la séance d'ouverture, il est placé derrière le secrétaire d'État américain, deux rangées derrière le président Eisenhower. Il note les propos qu'ils échangent.

En quittant ses fonctions à l'OTAN à l'automne 1958 pour reprendre son enseignement à la Faculté de droit de l'Université Laval, Patry laisse un héritage précis : un projet de création d'un comité d'études nord-atlantiques, destiné à l'examen des problèmes à long terme auxquels les pays membres de l'Alliance pourraient avoir à faire face dans certaines régions du globe[49]. D'abord rejetée par le représentant permanent du Canada, cette idée, qui avait plu au secrétaire général de l'Organisation, finira par être endossée par le Conseil des États membres, grâce à la ténacité de son président, Paul-Henri Spaak. L'idée de ce comité avait germé dans l'esprit de Patry à la suite du lancement du premier spoutnik qui avait pris tout le monde par surprise. Ce comité d'études devait chercher à prévoir les crises internationales

* * *

Ce chapitre sur les débuts de la carrière internationale d'André Patry montre à quel point il était prêt à travailler pour un gouvernement d'un Québec qui s'ouvrirait enfin sur le monde. Déjà actif au cours des années 1940 et 1950, il deviendra un conseiller sollicité par les plus hautes personnalités du Québec, lorsque le gouvernement de Jean Lesage amorcera la modernisation politique de l'État québécois[50]. Cette fois-ci, Patry ne fera plus face à un gouvernement conservateur qui pratiquait une politique à la « petite semaine » et qui s'en tenait à une attitude anachronique visant à isoler le Québec. « Le gouvernement provincial d'alors me répugnait », affirme-t-il. « C'est l'élection en juin 1960 de mon ami Jean Lesage qui fera de moi dorénavant un Québécois. Cette qualité avait été confondue jusque-là avec celle de Canadien français. Désormais, cette confusion sera atténuée sans disparaître pour autant[51]. »

Mais était-il déjà attaché au Parti libéral du Québec (PLQ) lors de l'arrivée de l'équipe du tonnerre ? Il devient véritablement un libéral lors de l'arrivée de Lesage à la tête du PLQ. Avant, il nous affirme qu'il ne faisait pas de politique partisane. En fait, né en 1923, il n'obtient le droit de vote qu'en 1944, c'est-à-dire à l'âge de 21 ans, comme le voulait la législation de l'époque. Il existe tout de même une exception à cette règle de réserve partisane. Durant la campagne électorale fédérale de 1949, il travaille pour le candidat libéral Philippe Picard dans le comté de Bellechasse. Il s'occupe d'interroger les citoyens et de distribuer des dépliants. Mais son travail en faveur de Picard ne découle pas d'une réelle conviction partisane, bien qu'il ait voté libéral à Ottawa. C'est un oncle, alors organisateur régional des élections, qui lui avait demandé de se joindre à lui.

À Québec, Patry n'est pas un partisan de l'Union nationale et de son «Cheuf». Il se met tout de même au service de l'État en 1958 pour la dernière révision du rapport de la commission Tremblay, commandé mais ignoré par Duplessis[52]. Patry travaille pour la Commission en tant qu'expert et juriste et non en tant que partisan de l'Union nationale. En fait, Patry provient d'une famille libérale militante. D'ailleurs, son père, un détective, avait perdu son emploi en 1937 au sein de la police relevant de la Commission des liqueurs (devenue aujourd'hui la Société des alcools), victime de Duplessis qui le soupçonnait d'être libéral.

En 1960, Patry, qui est déjà depuis longtemps sur le fil de départ, prendra naturellement le train de la Révolution tranquille par l'entremise d'un ami, Jean Lesage. «De 1961 jusqu'à maintenant, j'aurai rempli un rôle d'une importance variable, suivant les circonstances, dans l'évolution constitutionnelle du Québec et sa présence à l'étranger. Je n'ai jamais dérogé à cette priorité dans ma vie professionnelle[53].»

CHAPITRE II

La pensée d'André Patry
sur le statut particulier du Québec

> Deux mots, malheureusement dépréciés, ont
> déjà décrit avec la plus grande exactitude
> ce que sont les Québécois : une société dis-
> tincte, une réalité politique que la langue alle-
> mande exprime par le mot *Gesellschaft* par
> opposition au mot *Gemeinschaft* qui veut dire
> communauté et qui, applicables tous les deux
> au Québec, rappellent qu'il existe au sein de
> notre société, où tous les citoyens sont égaux,
> une communauté qui en fournit les assises,
> en explique l'évolution et en justifie les plus
> grandes ambitions. Qu'on poursuive avec une
> détermination accrue l'œuvre commencée ici
> dans les années 60 et le Québec finira par ob-
> tenir en Amérique et dans le reste du monde
> la place qui lui revient.
>
> ANDRÉ PATRY[1]

Avant d'aborder les fonctions et les initiatives de Patry durant
la Révolution tranquille, il convient de tenter de cerner sa
pensée sur la place du Québec dans le monde et au sein de la
fédération canadienne, étant donné qu'elle constitue une ligne directrice, la source de ses préoccupations, de ses conseils
et de ses actions concrètes. Bien que notre ouvrage porte sur
le rôle de Patry dans les relations internationales du Québec,

il est important de bien faire ressortir son point de vue concernant le statut politique et juridique du Québec, puisque les deux sujets sont liés l'un à l'autre.

Pour une maturation politique et sociale du Québec

Dans une lettre du 30 janvier 1978, Patry répond au chef du Parti libéral, Claude Ryan, qui lui demande son avis sur la façon d'aborder, en public, quelques-uns des problèmes auxquels le Québec fait face[2]. L'intérêt de cette lettre vient de ce qu'elle reflète bien sa vision de la position du Québec à l'intérieur du Canada et dans le monde. D'abord, il suggère à Ryan de revoir ce qu'il écrivait au temps du gouvernement Lesage. Il lui fait remarquer qu'il tenait le Québec comme «point d'appui du Canada français» et qu'il était favorable à la reconnaissance constitutionnelle de la spécificité québécoise à l'intérieur de la fédération canadienne. «Vous avez défendu, souligne Patry à Ryan, à mon grand plaisir, le droit du Québec de pouvoir traiter avec les pays et organismes étrangers dans les domaines de sa compétence et vous vous êtes montré partisan de la cession au Québec des pouvoirs les plus étendus possibles dans le champ culturel et social.» Pour Patry, il s'agit là de réclamations fondamentales et permanentes des Québécois.

Il continue en soulignant qu'il pense comme Ryan que «le fédéralisme est la formule politique la plus souple qui soit et qu'il faut, avant de le rejeter, en épuiser toutes les virtualités, ce qui n'a jamais été réalisé au Canada». Pour lui, «le cadre constitutionnel canadien permet d'élargir dans les faits, conformément à nos intérêts spécifiques, le champ de nos attributions, sans faire éclater pour autant le régime fédératif[3]». En 1976, il établit que l'affaiblissement du pouvoir politique québécois est imputable à l'intransigeance de Trudeau et à la faiblesse ou à la complaisance des gouvernements Bertrand et Bourassa. Encore aujourd'hui, Patry pense la même chose. Dans l'une de nos entrevues, il affirmait qu'il n'acceptait qu'avec des réserves l'argument des limites constitutionnelles. Il demeure convaincu qu'on peut souvent les contourner et que c'est une affaire d'imagination et de volonté, comme c'est souvent le cas en droit.

Au sujet du statut distinct du Québec dans la fédération, Patry souligne, dans la lettre adressée à Ryan, l'intransigeance de Pierre Elliott Trudeau qui, selon lui, relève «beaucoup plus de l'émotivité que de la raison. M. Trudeau, visiblement peu familier avec les réalités sociologiques et peu enclin à reconnaître qu'il existe des droits collectifs comme il en existe d'individuels, appartient, à maints égards, à une école de pensée de plus en plus étrangère à ce siècle». Il rappelle ensuite qu'il n'existe pas de problèmes politiques qui ne puissent trouver de solution juridique et que «c'est une affaire de générosité et de bonne foi». Il demeure «persuadé qu'une plus grande ouverture d'esprit à Ottawa aurait pu empêcher la rupture ou les tensions grandissantes […]». Il avait déjà écrit que «[p]ersonne ne peut nier que les francophones ont été brimés partout où les anglophones étaient les plus forts, numériquement ou économiquement, et que cette situation se prolonge. Il faut être aveugle ou de mauvaise foi pour ne pas le constater et en tirer une explication valable du malaise actuel[4]».

Dans le même temps, Patry ne favorise pas non plus le maintien du statu quo en matière constitutionnelle. Devant la minorisation du Québec qui s'accroît dans le Canada, il souligne que la province doit exiger le plus de pouvoirs possible dans le cadre du régime fédératif. Selon lui, on ne peut échapper au statut particulier du Québec et si «Ottawa refuse de faire preuve d'imagination et condamne ce statut sans avoir sérieusement étudié les modalités possibles, c'est la sécession […] qui est au terme de la route». Ainsi, sans être nécessairement pour l'indépendance du Québec, Patry n'est pas pour autant du camp du NON ou de Trudeau comme le sera Ryan, même si ces derniers étaient à couteaux tirés. Il préfère mettre la responsabilité d'une éventuelle séparation du Québec sur les épaules d'Ottawa. Il n'hésite d'ailleurs pas à critiquer sa position et à manifester une opinion très éclairée sur l'avenir du Québec:

> Quand des hommes politiques, comme M. Lalonde, affirment que le statut particulier est une étape vers la souveraineté, ils n'ont pas nécessairement tort. Mais de quel droit une génération peut-elle chercher à emprisonner celle qui la suivra dans sa propre façon de voir? La vie n'est-elle pas un phénomène d'adaptation? Si, demain,

> la majorité des Québécois veulent faire sécession, qui aurait le droit moral de leur interdire ? Nous travaillons pour la période présente et nous sommes appelés à résoudre des problèmes qui se posent maintenant. Nous n'avons pas à créer des carcans pour ceux qui ne sont pas encore nés ou qui sont encore trop jeunes pour décider par eux-mêmes. Les craintes de M. Lalonde, qui portent sur un futur qu'il ne verra peut-être pas, relèvent du conservatisme, et transposées dans les siècles précédents font croire que M. Lalonde aurait prêché la fermeté [...] à George III vis-à-vis des Québécois et à Louis XVI vis-à-vis des Français. C'est là une attitude mesquine et lourde des pires conséquences.

Patry termine sa lettre en soulevant une question fondamentale toujours aussi pertinente aujourd'hui. En faisant un parallèle avec le statut du Québec, il demande à Ryan si un individu peut « vraiment mûrir s'il n'est appelé, à un moment de son existence, à assumer la plénitude de ses responsabilités ». Dans le cas du peuple canadien-français, il rappelle qu'il ne s'est jamais trouvé seul avec lui-même et que devant les épreuves et les malheurs, il s'est inventé des boucs émissaires, parce qu'il y avait toujours quelqu'un au-dessus de lui (France, Angleterre, gouvernement fédéral) auquel il pouvait imputer ses propres erreurs, ce qui l'a amené, du reste, à les multiplier. Il demande alors à Ryan si quelques années de souveraineté ou de très large autonomie ne pourraient pas être salutaires, étant donné qu'il « n'y a rien de mieux que l'expérience pour apprendre la sagesse et acquérir le goût de la mesure ». Il conclut en ces termes : « [...] ne jamais condamner catégoriquement l'idée de souveraineté : elle pourrait être, dans notre cas, le préalable à une maturation politique et sociale qui, à mon avis, nous fait grandement défaut. »

Pour une révision de la Constitution

L'idée d'une plus large autonomie du Québec, Patry la cultive depuis déjà longtemps[5]. En 1961, à l'occasion des préparatifs pour le centenaire de la fédération canadienne, Patry suggère d'abord au Québec de profiter de cet événement pour exiger « une révision de son statut à l'intérieur de la fédération canadienne et qu'il se fasse accorder une plus grande autonomie juridique conformément à sa récente évolution politique et culturelle ». C'est que, pour lui, le maintien de l'Acte de l'Amérique du Nord britannique (AANB) de 1867 a abouti en pratique à faire de millions d'hommes et de femmes des citoyens de seconde classe dans leur propre pays. Recommander le maintien de cet arrangement constitutionnel, c'est faire le jeu de ceux dont il est l'instrument de domination[6]. Ainsi, même le plein exercice des droits concédés dans l'AANB est devenu insuffisant pour satisfaire les besoins de la nation canadienne-française :

> Dans le domaine de l'enseignement, dans celui de l'aide aux minorités françaises des autres provinces, dans celui du rayonnement économique et culturel de la Province, le gouvernement se heurte partout au manque de fonds pour réaliser son programme politique. Le régime fiscal actuel paralyse le Québec ; il l'empêche non seulement d'accroître son autonomie, mais même d'accomplir les tâches que lui confie la constitution[7].

Patry, qui reprend ici le raisonnement de Jean-Jacques Bertrand, futur premier ministre, alors député de Missisquoi, recommande que le Québec n'attende pas qu'Ottawa lui offre une plus grande autonomie politique et fiscale et qu'il exige plutôt un statut conforme à ses besoins actuels et futurs. Il suggère une commission de juristes pour étudier le problème des relations futures entre Ottawa et Québec.

Patry démontre que le Québec n'est pas une province comme les autres tant sur le plan sociologique que juridique. Premièrement, il constitue avec 80 % des effectifs l'État national des Canadiens d'expression française. Deuxièmement, il jouit d'un régime particulier à l'intérieur de la fédération en vertu de cinq articles de l'AANB qui confirment son caractère distinct. Ces articles intéressent la nomination des sénateurs, le nombre de députés au Parlement fédéral, l'existence d'un Conseil législatif, l'uniformisation des lois relatives à la propriété et aux droits civils et l'usage dans les chambres provinciales des langues française et anglaise. Dans chacun des cas, relève toujours Patry, le Québec a reçu un traitement différent de celui des autres provinces, et ce, dès 1867.

Patry souligne que, après un siècle de coexistence avec les autres provinces, le Québec affirme de nouveau sa personnalité au sein de la fédération canadienne, grâce à une prise de conscience collective par la nation canadienne-française de son destin particulier en Amérique du Nord. Pour lui, il est impératif que cet éveil s'exprime par de nouvelles lois constitutionnelles qui assureront une plus grande liberté d'action à la province et lui permettront d'obtenir graduellement le plus haut degré possible de souveraineté. Bref, il recommande une révision de la Constitution.

Les amendements à la Constitution canadienne que le gouvernement de la province devrait exiger concernent le partage des compétences sur le plan interne. Patry fait remarquer que, contrairement à la plupart des fédérations qui existent dans le monde, le Canada possède un régime fédéral où la répartition des pouvoirs s'est faite à l'avantage de l'État central et non à celui des collectivités membres de la fédération. En effet, au Canada, les gouverneurs des provinces et les sénateurs sont nommés par le gouvernement fédéral, alors que dans les autres grandes fédérations occidentales les gouverneurs ou présidents des États et les membres de la Chambre haute fédérale sont élus ou désignés par les États membres. Patry suggère que le Québec se fasse concéder le droit de nommer son lieutenant-gouverneur et les 24 sénateurs qui sont censés le représenter à Ottawa, d'autant que, dans tout État fédéral, les membres de la Chambre haute ont pour fonction principale de protéger les droits des collectivités formant la fédération. Or, à Ottawa, les sénateurs s'occupent surtout de l'étude des projets d'intérêt privé et de la poursuite d'enquêtes sur des problèmes politiques et sociaux et oublient trop souvent qu'ils sont les représentants des provinces. D'autre part, continue Patry, le Québec devrait insister pour que la Cour suprême, en tant que tribunal constitutionnel, soit composée de juges nommés, les uns par le gouvernement fédéral et les autres par les gouvernements provinciaux. Selon lui, c'est au pouvoir juridique et non au pouvoir exécutif central qu'il appartient d'agir comme gardien de la légalité constitutionnelle dans un système fédéral. Patry soulève aussi qu'il est inadmissible qu'Ottawa possède le droit d'annuler les lois provinciales, même celles qui sont constitutionnellement valides.

Finalement, il propose que le gouvernement du Québec profite du « désir d'émancipation que manifestent les Canadiens d'expression française et du centenaire prochain de la Constitution de 1867 pour créer une commission chargée de repenser l'Acte de l'Amérique du Nord britannique dans l'optique des intérêts présents et futurs de la Province dont il dirige les destinées[8] ». Les vœux de Patry, à cet égard, ont été exaucés et il sera même expert au Comité parlementaire sur la Constitution, formé en 1964 par le premier ministre Jean Lesage. Patry y propose d'octroyer au Québec le pouvoir de négocier des ententes avec des pays tiers dans les domaines de sa compétence. Selon Claude Morin, alors sous-ministre des Affaires intergouvernementales, la contribution « de Patry fut de fournir des bases juridiques et historiques solides pour la réclamation internationale du Québec[9] ». Il contribuera aussi à la portion « Relations avec l'étranger » du mémoire que présentera Daniel Johnson au nom du Québec, à la première des conférences constitutionnelles, du 5 au 7 février 1968[10]. Plus tard, il collabore à la rédaction du « Document sur les relations avec l'étranger » soumis par Morin au Comité permanent des fonctionnaires sur la Constitution, le 5 février 1969, et déposé à la table de la conférence constitutionnelle[11]. Précisons que pour faciliter les pourparlers constitutionnels, les premiers ministres avaient décidé de créer un comité de fonctionnaires de niveau sous-ministériel qui se réunirait pendant toute la durée des discussions (elles durèrent jusqu'à juin 1971).

Peu après la première élection d'un gouvernement indépendantiste à Québec, Patry soutient toujours les mêmes positions. Bien qu'il juge que le Québec n'utilise pas suffisamment la Constitution et la jurisprudence existantes, il n'y a plus lieu, si l'on veut que le Québec ait quelque raison d'être, d'envisager de simples modifications mineures du fédéralisme canadien. Il recommande de « mettre en relief – et d'une façon non équivoque – la réalité historique et spécifique du Canada, en inventant une nouvelle forme d'association entre les deux Canadas, avant que le Bas-Canada ne s'achemine irréversiblement vers une sorte d'anachronisme culturel dont l'âme collective sera tentée, tôt ou tard, de se détourner comme d'une accablante et funeste illusion[12] ».

Il soulève cependant la difficulté du dialogue entre les deux parties. Si le Québec a un porte-parole autorisé, c'est-à-dire un gouvernement élu voué à l'émancipation politique de l'État québécois, le Canada anglais se caractérise par la multitude et la variété de ses interlocuteurs, « sans qu'aucun d'entre eux ne soit spécifiquement habilité à négocier la nouvelle forme d'association souhaitée ou envisagée par la partie québécoise ». De plus, Patry rejette l'idée des milieux anglophones d'entreprendre une révision de la Constitution entre le gouvernement fédéral et les gouvernements de toutes les provinces. Il juge cette procédure inapte à résoudre le problème de l'affirmation renouvelée de la réalité québécoise, puisque aucune des provinces anglophones ne jouit d'une personnalité aussi marquée que le Québec et qu'« aucune n'éprouve devant son destin cette anxiété qui gît au fond de la conscience collective des Québécois ». Il prévoit qu'une conférence entre les provinces et le Québec, avec ou sans le fédéral, aboutirait à une impasse, les désirs du Québec n'étant pas de même nature et n'obéissant pas aux mêmes motifs que ceux des autres provinces.

Patry recommande donc des pourparlers entre Québec et Ottawa pour arriver à une nouvelle forme d'association et à l'émancipation politique du Québec. Il ne parle pas d'indépendance proprement dite. En fait, il ne croit pas au démembrement pur et simple du Canada, compte tenu des intérêts qui lient les deux communautés et d'une certaine vie commune forgée au cours des siècles. La nouvelle association se doit, selon lui, d'être fondée sur l'amitié. Néanmoins, il souligne que « le réalisme le plus élémentaire impose aux uns et aux autres d'admettre que le Québec doit retrouver vis-à-vis des Canadiens anglophones le régime égalitaire que la Couronne britannique lui avait accordé par l'Acte de 1791 ». Le Bas-Canada avait alors reçu sa propre chambre d'assemblée, ce qui suscita très vite l'opposition des marchands britanniques de Montréal qui réclameront l'Union des deux provinces, dès 1810.

Pour une république

Avant de songer à faire sécession, le Québec ne pourrait-il pas commencer par se débarrasser de certains traits coloniaux qui persistent? Patry pense que l'État du Québec pourrait devenir une république, du moins dans les domaines relevant de sa compétence. Il le suggère au Comité parlementaire sur la

Constitution. Il propose de remplacer le lieutenant-gouverneur, symbole de la souveraineté du monarque au Québec, par un président. Les gouvernements Lesage et Johnson prennent acte d'un certain côté désuet de nos institutions parlementaires, explique Patry, mais ils « n'ont fait que flirter avec l'idée d'établir une forme républicaine de gouvernement[13] ». Il souhaite que les Québécois suppriment enfin le caractère monarchique de leur État. Il fait remarquer que, si l'autonomie nationale et la capacité d'un peuple d'agir par lui-même ne peuvent s'achever que par la reconnaissance des autres États, il faut commencer, pour l'obtenir, par se nommer, par se reconnaître soi-même. Mais « les Québécois semblent préférer les mythes aux symboles, [...] ignorant l'importance qu'il y a à choisir entre une monarchie étrangère et une république indigène[14] ». Ils laissent cette question en attente comme si elle n'avait pas de conséquence, feignant de ne pas voir leur état véritable.

Dans les années 1960, le Québec pouvait encore demander par une requête à Londres l'obtention de ce nouveau statut. Mais avec la Constitution de 1982, c'est beaucoup plus difficile, étant donné qu'elle exige le consentement de toutes les provinces. L'usage des principaux attributs de la souveraineté étant une prérogative royale que le monarque n'exerce que sur l'avis de ses conseillers, soit les ministres, le lieutenant-gouverneur, qui représente le monarque au Québec, est pourtant nommé selon le seul avis du cabinet fédéral. Pour Patry, le Québec continue donc de vivre une situation coloniale, la souveraineté nominale du pays se trouvant chez un monarque résidant à Londres. Pour ce qui est des gestes faits par les gouvernements québécois pour mettre ses symboles à l'heure contemporaine, Patry les qualifient de « cosmétiques ». Il donne en exemple l'Assemblée législative du Québec qui, bien qu'elle ait changé de nom pour s'appeler l'Assemblée nationale, demeure un parlement de caractère monarchique et britannique. Comme le fait remarquer Bonhomme, Patry a de la suite dans les idées. « Il n'a pas peur des réalités. Il l'affirme carrément. Si jamais l'État québécois songeait » – l'idée lui en aurait traversé l'esprit – à lui décerner l'Ordre du Québec, « il déclinerait l'honneur tant que le chef de l'État à Québec sera un fonctionnaire de caractère colonial[15] ».

La Constitution de 1982

Avec ce que l'on sait déjà, il est facile de deviner comment Patry juge la nouvelle Constitution canadienne, d'autant qu'il n'apprécie guère la vision de Trudeau de l'émancipation politique de la nation canadienne-française. Pour ce qui est du résultat, il constate la légalité mais l'illégitimité de la Constitution de 1982, conclue sans l'accord du Québec – au cours de la fameuse «nuit des longs couteaux». Dans un article du quotidien *Le Devoir*, il rappelle que les trois provinces signataires de l'Acte de 1867 «sont des entités juridiques, dotées chacune d'une constitution, d'un gouvernement responsable, et d'institutions. Elles ont de véritables pouvoirs[16]». Il ajoute aussi qu'elles peuvent adopter, en matière commerciale, des lois protectionnistes mettant leurs industries à l'abri de la concurrence étrangère et qu'elles sont admises à participer, au sein des délégations anglaises, aux pourparlers engagés avec des États étrangers, chaque fois que leurs intérêts sont en jeu.

Bref, elles sont des entités capables d'une volonté propre et habilitées à se faire entendre comme nous l'a démontré la signature du pacte de 1867. «Le préambule de la Loi constitutionnelle de 1867 est clair : il énonce que les trois provinces, déjà dotées d'autonomie, expriment leur volonté commune de se fédérer en un seul Dominion (*into one Dominion*).» Le problème, constate Patry dans ce même article, est que ce pacte, devenu une loi britannique, ne renferme aucune disposition relative à son amendement et que cette lacune finira par devenir embarrassante.

En 1925, lorsque le problème des amendements à la Loi de 1867, pour ce qui concerne le partage des compétences, devient sérieux, un mouvement préconise la seule intervention du gouvernement fédéral pour modifier ce partage. Il est confronté toutefois à l'idée d'un droit prépondérant des provinces fondatrices de la fédération qui n'a d'ailleurs jamais cessé d'être partagée par de nombreux juristes et politologues et d'être admise par une grande partie de l'opinion publique québécoise.

Patry rappelle à ce propos la genèse de l'article 7 du statut de Westminster en 1931 qui, entre 1940 et 1964, «incitera Ottawa, à quatre reprises, à obtenir le consentement de toutes les provinces avant de prier le Parlement britannique d'apporter des modifications à la répartition des compétences constitutionnelles ». Ainsi, l'origine de cet article empêchera le gouvernement fédéral, en 1964 et en 1971, de proposer des changements constitutionnels, en raison de l'opposition du Québec aux amendements projetés. En conséquence, en 1981 :

> Ottawa ne pouvait domicilier la Loi de 1867 et encore moins en modifier le partage des compétences sans le consentement de toutes les provinces, parce que le projet fédéral était, en fait, un amendement de l'article 7 du statut de Westminster, dont il avait été pourtant déclaré à deux reprises, dans l'adresse du Parlement canadien au Parlement britannique, qu'il avait reçu l'assentiment de toutes les provinces.

Mais Patry reconnaît que dans l'ordre juridique deux faits viennent affaiblir la position d'un Québec résolument hostile à l'initiative illégitime et dangereuse d'Ottawa :

> [...] le rejet par la Cour d'appel du Québec, dont l'un des membres était manifestement borné, de l'argumentation québécoise, et le libellé impropre de l'avis sollicité par le Québec auprès de la Cour suprême, où il était question de la nécessité de l'assentiment préalable des provinces, alors qu'il fallait parler de l'assentiment préalable de *toutes* les provinces, comme le justifiaient les conventions constitutionnelles fermes et solides (*unbending*) découlant des conférences intergouvernementales tenues entre 1940 et 1964. L'omission de ce mot-clé par le Québec devait naturellement alléger la tâche de la Cour suprême.

La Cour suprême s'est évidemment servie de cette omission en déclarant suffisant l'assentiment d'une majorité de provinces, même en l'absence du Québec, « dont les droits spécifiques dans les domaines de l'éducation, de la langue et de la législation civile se trouvaient restreints par le projet constitutionnel qui était soumis à son appréciation ». Patry conclut donc que, conformément à la tradition juridique, la Loi constitutionnelle de 1982, qui a renforcé le caractère monarchique et pyramidal de la Constitution de la fédération, est légale, mais, dans l'ordre politique, dont l'ordre juridique ne peut être que l'expression et aussi la garantie, la Loi de 1982 est illégitime.

La souveraineté du Québec

Que pense plus précisément Patry du projet de souveraineté[17] du Québec? Comme à son habitude, il propose à ce sujet l'avis détaché, éclairé, objectif du juriste. Son argumentation est toujours aussi solide et démontre sa connaissance considérable de la politique et du droit, non seulement du Québec et du Canada, mais aussi des pays étrangers[18]. D'abord, il précise que le Québec ne cherche pas la sécession, mais bien la souveraineté, deux vocables différents mais pourtant confondus, particulièrement chez certains fédéralistes. En effet, on sait bien que le Parti Québécois privilégie avec le reste du Canada des modalités d'exercice qui permettraient le maintien de liens organiques particulièrement étroits grâce à un partenariat économique et politique librement négocié et sanctionné par les parties intéressées.

Patry souligne que si la souveraineté confère à l'État qui s'en réclame le pouvoir exclusif d'adopter toutes ses lois, de prélever tous ses impôts et de conclure tous ses traités, dans la réalité, «l'exercice de la souveraineté en a révélé, en maintes occasions, les limites en la subordonnant à des restrictions ou des contraintes qui, tout en sauvegardant les apparences, atténuaient la définition communément admise de cette souveraineté. En fait, la souveraineté peut être partagée ou aménagée[19]». Il existe effectivement plusieurs cas de souveraineté partagée que Patry ne manque pas de rappeler, tels que les royaumes de Bavière et de Wurtemberg qui conservaient leur personnalité internationale et le droit de légation actif et passif comme membres de l'Empire germanique (1871-1919), placé sous l'autorité suprême du roi de Prusse. Il cite aussi l'exemple du Canada au sein de l'Empire britannique. Même en tant que dominion, le Canada était reconnu comme souverain par la Société des Nations (SDN) et plus tard par le statut de Westminster, alors qu'il restera soumis à la juridiction du comité judiciaire du Conseil privé impérial jusqu'en 1949. Avant le rapatriement de la Constitution, il était aussi inhabile à modifier sa Constitution sans l'intervention du Parlement britannique.

Patry mentionne en outre les cinq républiques faisant partie de la Fédération de Russie qui ont des constitutions proclamant leur souveraineté. Des articles de ces constitutions stipulent le droit de ces États d'échanger des agents diplomatiques et de conclure des traités avec d'autres États. « L'exercice de la souveraineté qu'ils s'attribuent sur le plan constitutionnel peut être volontairement assujetti aux contraintes exigées par le bon fonctionnement de l'ensemble politique et économique auquel ils appartiennent. C'est exactement ce que réclame le Québec depuis longtemps. »

Patry reconnaît toutefois divers obstacles à l'établissement d'un État souverain du Québec. En décembre 2001, il dépose un nouveau rapport sur la reconnaissance des États, en étudiant précisément le cas du Québec[20]. D'abord, il démontre que le Québec est bien un État avec un territoire délimité, une population fixe et un gouvernement autonome détenant l'autorité dans les domaines ressortissant à sa compétence. Par contre, pour être souverain, il doit obtenir la pleine compétence sur le plan interne et l'égalité de statut avec les autres États sur le plan international. Advenant une sécession, les principaux problèmes afférents à celle-ci seraient le territoire et la question autochtone.

En 1912, le district de l'Ungava a été cédé au Québec, mais dépouillé de ses eaux territoriales et de ses îles et archipels. Ainsi, en faisant sécession, le Québec n'aurait pas accès aux eaux navigables, aux îles et archipels et au plateau continental de cette région, alors qu'il serait pourvu de sa longue façade maritime. Pour Patry, il est douteux que le Québec pourrait s'accommoder de cette situation et il lui faudrait alors « négocier de nouvelles frontières avec le gouvernement fédéral et aussi avec celui du Nunavuk », ouvrant ainsi des dossiers périlleux.

Il y a aussi le sujet des frontières avec le Labrador. Patry fait remarquer qu'elles n'ont pas été délimitées au sol, ce qui signifie que l'exécution du tracé d'une frontière devenue internationale risquerait de soulever des problèmes. De plus, Terre-Neuve n'accepterait probablement pas que sa frontière fluviale s'arrête à la rive, étant donné que « la frontière de la rivière Romaine, dans la partie qui longe le territoire du Labrador, suit la rive gauche et non la ligne médiane, comme il est d'usage dans les cours d'eau non navigables séparant des États ».

Finalement, Patry soulève le problème du golfe Saint-Laurent, la juridiction internationale étant loin d'être définitivement établie à ce sujet. En effet, le Canada considère le golfe comme des eaux intérieures, alors que, pour les États-Unis, il fait partie de la haute mer. Ainsi, «l'apparition dans les parages d'un nouvel État dont la souveraineté s'étendra aux îles de la Madeleine affaiblira sûrement la thèse du Canada suivant laquelle le Golfe est une baie historique dont les eaux sont devenues, avec l'entrée de Terre-Neuve dans la fédération canadienne, des eaux intérieures».

Si les problèmes frontaliers semblent solubles, la question autochtone[21] «offre une tout autre perspective». Aux yeux de Patry, elle est prioritaire parce qu'elle concerne les droits humains et suscite depuis plusieurs décennies «l'élaboration d'un droit nouveau, celui des peuples indigènes et tribaux qui ont eu à souffrir des actes de l'ère coloniale». En résumant les droits que les peuples autochtones ont réussi à obtenir au cours des années et leur reconnaissance auprès de l'ONU, Patry conclut «qu'il n'est pas impossible que l'évolution du droit international issu de la décolonisation incite un jour les autochtones dans plusieurs parties du monde à exiger l'extinction, partout où cela sera praticable, de toute législation ou réglementation qui les aura privés de droits qu'ils avaient au moment des premières invasions coloniales». Dans la possibilité d'une sécession du Québec, Patry prévoit que certains autochtones pourraient vouloir demeurer au sein du Canada, ce qui ne serait pas sans soulever des problèmes. En effet, le Canada a une obligation fiduciaire à l'égard des autochtones qui découle de la Constitution et d'actes remontant à l'époque impériale. «Le Canada ne pourra donc reconnaître la souveraineté du Québec avant que ne soit réglée d'une façon satisfaisante la question autochtone[22].»

Dans un fascicule rédigé en 2003, Patry parle également d'un sujet délicat peu abordé au Québec: la règle de l'*uti possidetis*[23]. En vertu de ce principe, «lorsqu'un État ou une région fait sécession et accède à la souveraineté, ses limites administratives deviennent ses frontières officielles. Il en est de même des États appartenant à un même ensemble politique qui mettent fin à leur association[24]». Patry démontre que cette règle a été appliquée dans le cas des colonies et des territoires relevant des métropoles européennes et devenus indépendants, non sans soulever des litiges allant jusqu'aux conflits armés. Il fait aussi remarquer qu'en dépit de sa reconnaissance présumément universelle, cette règle a déjà été contestée et n'a pas été observée partout. De fait, il démontre que «plusieurs pays ont dû composer avec des changements territoriaux qui leur étaient généralement défavorables[25]». Or, bien que Patry ne fasse pas ici de prédictions sur des litiges possibles concernant cette règle advenant la souveraineté du Québec, on peut deviner que le Québec ne serait pas à l'abri de ce type de changements qui viendraient diminuer la superficie de son territoire.

Patry nous a fait personnellement remarquer une particularité du mouvement souverainiste au Québec. D'abord, soulignons que le juriste-conseil connaît bien les mouvements sécessionnistes dans le monde. Il observe que le Québec ne se situe pas en périphérie du Canada. Il est établi, selon Patry, qu'aucun mouvement sécessionniste n'est parvenu à réaliser son objectif ultime si celui-ci exposait l'État dont ce mouvement voulait le morcellement à se retrouver, à la fin, composé de deux ou plusieurs parties non contiguës[26].

* * *

Ce chapitre a permis de mieux cerner la pensée de Patry au sujet du statut du Québec. Pensée qui s'est pleinement concrétisée dans les années 1960 où Patry, en tant qu'expert et ami personnel de Jean Lesage, s'infiltre discrètement dans les plus hautes sphères du pouvoir politique.

CHAPITRE III

La formulation par André Patry
de la doctrine Gérin-Lajoie

Bien avant le fameux discours de Paul Gérin-Lajoie devant le corps consulaire de Montréal, le 12 avril 1965, où il expose la thèse québécoise du prolongement international des compétences provinciales, Patry propose cette idée dans un article du 25 octobre 1961 dans *Le Nouveau Journal* : « [I]l existe un autre domaine où notre Province devrait se faire attribuer certains droits : c'est celui de la compétence extérieure. » Pour appuyer sa suggestion, il relève l'établissement à Paris d'une délégation générale du Québec qui met en relief sa nécessité de pouvoir conclure certains accords internationaux[1]. Patry exprime ensuite un point de vue qui sera amplement repris par le gouvernement du Québec :

> La constitution canadienne accorde aux provinces une compétence exclusive dans les domaines de l'enseignement et du droit privé. Si le Canada peut, en tant qu'État souverain, signer des conventions culturelles, il ne peut, sur le plan interne, les mettre à exécution sans le concours des provinces ou, à tout le moins, des institutions provinciales. Pourquoi les provinces n'auraient-elles pas le droit de contracter des engagements internationaux d'ordre culturel ?

Il fait ensuite remarquer que cette faculté permettrait à la délégation générale du Québec à Paris d'intéresser directement le gouvernement français à la poursuite d'une politique culturelle à long terme entre la France et le Québec. Ce dernier jouissant de pouvoirs exclusifs en matière de propriété et de droits civils[2], Patry se demande pourquoi la province ne serait pas habilitée à conclure des ententes concernant le droit international privé, particulièrement la condition des étrangers. « De telles conventions entre le Québec et les autres États pourraient se révéler très profitables aux citoyens du Québec vivant à l'étranger. »

Une position avant-gardiste

La position de Patry correspond à l'éveil du Québec qui manifeste un intérêt nouveau à l'égard des relations internationales. Le gouvernement du Québec éprouve alors le besoin d'assumer la plénitude de ses attributions, d'entrer en rapport avec le monde extérieur, de se lier aux autres groupes francophones, d'établir des échanges culturels et commerciaux avec l'étranger, bref d'assumer son destin international dans l'intérêt de la collectivité. La présence du Québec à l'étranger remonte à la seconde moitié du XIXe siècle. D'un point de vue constitutionnel, elle s'appuie sur « le paragraphe 4 de l'Acte de 1867 qui autorise les provinces à établir les organes et services administratifs affectés à l'exécution de leur mandat et à nommer les fonctionnaires chargés de les diriger[3] ».

Cependant, Ottawa cherchait à surveiller et à contrôler les modalités d'exercice de l'action internationale des provinces et soutenait que les affaires traitées par leurs agences relevaient essentiellement du droit privé. Patry et d'autres artisans de la Révolution tranquille trouvent cette interprétation restrictive, abusive et anachronique. En effet, les affaires « locales » (de politique intérieure) prennent, à partir des années 1960, une extension sans précédent qui leur fait perdre largement leur signification originelle. Elles sont devenues souvent transfrontalières et internationales. Patry voit bien que les temps ont changé, que la mondialisation pointe à l'horizon[4]. Or, il constate que la Constitution canadienne confie aux provinces une compétence exclusive ou concurrente dans un grand nombre de domaines où la coopération internationale est devenue très agissante, mais que les provinces restent absentes de ces assemblées où se prennent des décisions qui les touchent directement. « La pratique constitutionnelle au Canada entrave l'épanouissement de la nation canadienne-

française, parce qu'elle ne permet pas à la Province de Québec de traiter directement avec les États étrangers dans les
domaines qui relèvent de sa juridiction exclusive et qui sont
parfois essentiels à son avancement[5].» En effet, le Québec ne
peut conclure aucune entente avec les autres États en ce qui
concerne l'exercice du droit de propriété, l'exploitation d'entreprises commerciales de caractère local et la pratique de
certaines professions. Cette incapacité peut empêcher les citoyens du Québec de jouir à l'étranger d'avantages concédés
par nos lois à des étrangers vivant dans notre province. Cette
situation n'est évidemment pas acceptable pour le Québec
qui constitue une société distincte. Patry est partisan du droit
du Québec de se faire entendre au sein des organisations internationales et de collaborer avec elles. En 1961, il souhaite
que le Québec se fasse reconnaître par la Cour suprême le
droit de contracter des engagements internationaux dans les
domaines de sa compétence exclusive. Dans l'intervalle, il suggère que le Québec nomme à l'étranger des attachés culturels
et qu'il ouvre des agences commerciales.

Afin de justifier une personnalité et une politique internationales propres au Québec, Patry prendra acte du silence de
la Constitution à ce sujet. En fait, c'est la pratique constitutionnelle qui a joué, au Canada, contre les provinces en matière de
relations internationales. Il note que le gouvernement fédéral
s'est peu à peu substitué au gouvernement impérial à mesure
que le Canada s'émancipait de la Grande-Bretagne. Ottawa
s'appuie sur l'article 132 qui donne au gouvernement du Canada «tous les pouvoirs nécessaires pour remplir envers les
pays étrangers, à titre de partie de l'Empire britannique, les
obligations du Canada ou de l'une quelconque de ses provinces, naissant de traités conclus entre l'Empire et ces pays étrangers». Mais Patry constate que cette disposition n'a plus de
sens depuis la disparition de l'Empire britannique et depuis
une décision du comité judiciaire du Conseil privé, en 1937.
Par conséquent, pour des raisons internes, le Canada n'a pu,
en devenant souverain, acquérir la plénitude du *jus tracta-
tuum*[6]. Patry reviendra à une vieille thèse utilisée par la suite
par le gouvernement pour faire reconnaître au Québec une
personnalité internationale. En 1937, devant le Conseil privé,
le procureur général de l'Ontario avait affirmé:

> *There are no grounds whatever for saying that the parties to advise His*
> *Majesty in matters relating to the jurisdiction of the Province have in*
> *some way come to be the Dominion Ministers. The Province has the right*
> *to advise the Crown in matters where its legislative powers apply. Onta-*
> *rio has the right to enter into an agreement with another part of the Bri-*
> *tish Empire or with a foreign State[7]...*

Dans son jugement, le comité judiciaire du Conseil privé (1937, A.C. 326) établit alors une distinction entre la conclusion d'un traité et sa mise en œuvre, spécifiant que cette dernière relevait des provinces chaque fois que la convention intéressait un domaine de compétence provinciale. Le gouvernement fédéral se trouve donc avec une incapacité relative en droit international. Ce qui ne l'empêchera pas de continuer à prétendre qu'il possède une compétence exclusive en matière de relations internationales. Pourtant, la position du Québec présentée dans un projet de Livre blanc sur la compétence internationale auquel Patry contribue n'a rien de radical. Elle reconnaît pleinement que la politique étrangère relève du gouvernement canadien et que lui reviennent, entre autres, «l'orientation générale des relations extérieures [...], le règlement des problèmes de sécurité et de commerce, ainsi que l'envoi et l'accueil des représentants diplomatiques». Le projet de Livre blanc précise que le Québec ne conteste pas l'idée que le Canada, même s'il demeure un État fédératif, ait une seule politique étrangère. Il refuse tout simplement l'idée que le fédéralisme s'arrête aux frontières canadiennes.

Le premier ministre Jean Lesage prend lui-même connaissance de l'opinion de Patry concernant la pratique des relations internationales du Québec, comme le démontre une lettre où Patry lui fait remarquer que l'article du 22 novembre 1961 dans *Le Nouveau Journal* ne représentait qu'une ébauche de ses réflexions[8]. Il suggère que le Québec envoie des observateurs aux conférences de la FAO, de l'Unesco et de l'Organisation internationale du travail (OIT), en vertu de ses compétences en enseignement et dans les domaines du travail et de l'agriculture. Il ajoute aussi que, selon lui, le Québec peut utiliser la Constitution actuelle, malgré ses nombreuses imperfections, pour se doter d'une politique extérieure. Rappelons que l'amitié des deux hommes remonte au mois d'août 1951[9]. Comme l'historien Sylvain Guilmain a bien décrit cette relation amicale, nous utiliserons son mémoire de maîtrise pour montrer le rôle joué par Patry[10]. Après la signature de la première entente[11] entre le Québec et la France, s'amorce un échange de lettres entre les deux Québécois, dans lesquelles le tutoiement est de mise.

Mon cher Jean,

Je me permets de venir t'offrir, à titre personnel, l'expression de ma gratitude, comme citoyen de cette province, pour le succès remporté à Paris à la suite de la conclusion récente d'une entente en matière d'éducation entre la France et le Québec. Grâce à la fermeté et à la souplesse de ton gouvernement, il a été possible de trouver une formule qui respectait notre dignité[12].

À cette lettre, Lesage répond amicalement qu'il considère Patry comme un spécialiste des relations internationales et que son témoignage le touche donc profondément[13]. Cet échange de lettres amène Guilmain à affirmer que Lesage avait réfléchi aux recommandations d'André Patry entre 1961 et 1964 concernant le prolongement des compétences internes en politique extérieure, avant que son gouvernement ne se rallie à la thèse que Paul Gérin-Lajoie défendra alors que le premier ministre était en voyage en France. En fait, Patry avait déjà collaboré avec le Comité parlementaire de la Constitution, mis sur pied par Lesage sur l'insistance de Johnson[14].

Pour faire suite à une motion adoptée le 22 mai [1963], la Chambre institue ce comité spécial [le 7 juin 1963], avec pouvoir d'entendre des témoins, en vue de déterminer les objectifs à poursuivre dans la révision du régime constitutionnel canadien et les meilleurs moyens d'atteindre ces objectifs. Ce comité siégera jusqu'en 1966. Il ne fera pas de recommandation mais permettra de dégager un certain consensus sur quelques questions telles que la nécessité de la mise sur pied d'un tribunal constitutionnel, l'élaboration d'une politique de l'immigration, etc.[15].

L'Institut de recherche en droit public de l'Université de Montréal rédige un rapport pour le Comité. Le volet des relations internationales étant confié au professeur de droit international de l'Université Laval, il y dépose un texte, « La capacité internationale des États fédérés », où il expose ses idées « prônant la prise de contrôle par le Québec des relations avec

l'étranger touchant aux domaines de juridiction provinciale[16] ».
Il fait remarquer que la Constitution d'un État fédéral peut
reconnaître aux États membres le droit d'exercer sur le plan
international leur compétence dans certains domaines. Le
droit international en prend d'ailleurs bonne note comme le
démontrent le cas des dominions britanniques reçus à la SDN
et l'exemple de l'Ukraine et de la Biélorussie, après la Seconde
Guerre mondiale, devenues membres de l'ONU. Il affirme
par ailleurs :

> L'octroi d'une certaine compétence internationale aux États fédé-
> rés est l'un des moyens auxquels il convient maintenant de recou-
> rir pour permettre l'épanouissement des communautés politiques
> non souveraines en droit international. [...] En réalité, il n'est plus
> admissible que les États-membres des fédérations ne puissent
> négocier et signer eux-mêmes les conventions qui les intéressent
> directement en tant que collectivités autonomes et qu'ils ne soient
> point habiles à participer par leurs propres représentants aux con-
> férences internationales poursuivant des fins qui sont, par leur
> nature, du ressort exclusif des États fédérés[17].

On retrouve exactement les mêmes idées dans le discours
prononcé par Paul Gérin-Lajoie devant le corps consulaire, ce
qui n'est guère étonnant, puisque c'est Patry qui le rédigea
presque entièrement. Avec l'ouverture de délégations générales à New York et à Londres, et la conclusion d'ententes en
matière d'éducation et de culture avec la France, le Québec se
dotera enfin de ses premiers outils sur le plan international.

Les éléments déclencheurs

Comme le raconte Paul Gérin-Lajoie dans son autobiogra-
phie, à la suite de l'entente sur l'éducation de février 1965
avec Paris, Patry l'accueille, à son retour, avec une proposition qui établirait l'autorité du Québec dans sa conduite des
relations internationales[18]. Si les nouvelles relations avec la
France constituent un progrès dans l'émancipation politique
du Québec, il n'en demeure pas moins que rien ne vient changer le statut du Québec en matière internationale. Patry le
constate lorsqu'il tente d'obtenir pour la délégation du Québec à New York les mêmes privilèges consulaires que ceux

accordés aux consulats américains à Montréal et à Québec. Il avait étudié la jurisprudence internationale sur la question et il prend l'initiative de se rendre « à Washington pour parler de la situation de l'Agence générale avec de hauts fonctionnaires du Département d'État[19] ». Les Américains se montrent peu favorables à cette demande, craignant qu'un grand nombre de bureaux gouvernementaux étrangers n'aient l'idée d'imiter le Québec. De plus, ils préfèrent que toute demande passe par Ottawa.

La mission de Patry qui se déroule à l'insu de l'ambassade canadienne vise aussi à sonder les Américains. « Comment les Américains voient-ils la mutation du Québec ? Les diplomates en poste au Québec sont ouverts et informés, mais reflètent-ils l'intérêt de la maison mère ou seulement leur propre curiosité à l'égard de ces intéressants indigènes[20] ? » Patry cherche également à connaître la réaction de Washington à la rencontre de Claude Morin avec le consul général des États-Unis, en octobre 1964. Le consul désirait l'interroger sur les objectifs de la Révolution tranquille. Cet entretien à Washington entre Howard Brandon, le chef du bureau des Affaires canadiennes, et Patry s'avère fructueux :

> [Il] permet à celui-ci de comprendre que le gouvernement américain ne s'inquiéterait de la situation au Québec qu'autant qu'elle constituerait un danger pour la sécurité continentale. Naturellement, les Américains ne se réjouissaient pas de l'affaiblissement éventuel du Canada ; mais ils reconnaissaient que le Québec était quelque chose de particulier et que sa personnalité propre pourrait bien l'amener un jour à une nouvelle définition de sa place au sein de l'ensemble canadien[21].

Patry rédige un rapport de cette rencontre qui sera lu par Jean Lesage. Ce dernier ignore les recommandations de son envoyé spécial d'entreprendre « une véritable campagne d'information auprès des autorités et de la presse parlée et écrite des États-Unis afin de faire connaître le caractère particulier du Québec et d'en faire admettre les conséquences pratiques[22] ». Il est également indispensable et même urgent, selon Patry, de « concevoir une politique cohérente et réaliste vis-à-vis les États-Unis ». Celle-ci passe par « un véritable effort d'éducation auprès des milieux capables de lui [le Québec] venir en aide quand il sera nécessaire[23]». Mais Patry devra constater le manque de volonté politique du gouvernement Lesage. L'effort d'Ottawa pour faire échouer les tentatives d'une reconnaissance quasi consulaire de la délégation générale du Québec à New York lui fera perdre «toute illusion d'établir des rapports avec les États-Unis[24]».

La tenue en mars 1965 à Montréal d'une conférence de la Commission nationale canadienne pour l'Unesco, sans qu'on n'adresse d'invitation au ministre des Affaires culturelles du Québec, vient aussi passablement agacer Patry. Il n'apprécie pas l'attitude cavalière d'Ottawa, ce qui l'amènera à rencontrer à titre personnel René Maheu, le directeur général de l'Unesco, lors de son passage à Montréal. En tant que secrétaire du Conseil des Arts, Patry discute avec Maheu de la situation particulière du Québec. Ils cherchent tous les deux à déterminer la nature et l'étendue des liens qui pourraient s'établir entre le Québec et le siège permanent de l'organisation. Ils conviennent de se revoir afin de préciser les domaines où la coopération québécoise pourrait se révéler avantageuse pour l'organisation. Au cours de cette seconde rencontre qui a eu lieu à Paris, il est entendu entre Patry et Maheu «que le Québec fera un effort particulier pour susciter sur son territoire un plus grand intérêt pour l'activité de l'UNESCO» et qu'il «tentera de modifier la constitution de la Commission nationale canadienne pour l'UNESCO en demandant qu'elle soit divisée en deux sections complètement autonomes, l'une anglophone et l'autre francophone, placées toutes les deux sous l'autorité symbolique d'un seul président[25]», comme l'exigent les dispositions de l'Acte constitutif de l'organisation internationale. Malheureusement, Québec ne soumettra pas le projet de Patry, mais attendra deux ans, soit en juillet 1967, pour réitérer son désir d'être plus étroitement associé à l'œuvre de l'Unesco. Quoi qu'il en soit, cette démarche de Patry n'a pas encore donné de résultats quarante ans plus tard!

Le 17 février 1965, il dépose un mémoire concernant l'Unesco pour le ministère des Affaires culturelles. Il y souligne que le peuple canadien-français est voué à une mort lente et que l'État québécois doit jouer son rôle pour préserver l'identité culturelle du Québec. Pour lui, c'est en entretenant des échanges culturels avec l'étranger que le Québec sera présent dans le monde. Il suggère que le gouvernement du Québec se mette en rapport avec l'Unesco, centre de coordination des échanges culturels internationaux, en créant un organisme habilité à traiter avec l'organisation. Il est alors membre du comité qui doit rédiger le chapitre sur les relations internationales du Québec dans le domaine de la culture, dans ce qui deviendra, en 1966, le Livre blanc sur la politique culturelle du Québec. Il cherche à voir dans quelle mesure et sous quelle forme un État non souverain peut collaborer officiellement ou autrement avec l'Unesco. Pour ce faire, il consulte Robert Élie, conseiller culturel à la délégation générale du Québec à Paris. Les deux hommes font preuve de complicité, particulièrement en s'entendant sur la discrétion à observer pour qu'Ottawa ne soit pas mis au courant de leurs échanges.

Son étude sur le Canada et ses rapports avec l'Unesco, alors qu'il fait une enquête pour la commission Laurendeau-Dunton (nous y reviendrons), démontrent que la Commission nationale canadienne pour l'Unesco ne répond pas aux exigences d'un Canada fédératif et biculturel. Les gouvernements provinciaux ne sont pas associés à l'œuvre de la Commission et seuls les organismes culturels du gouvernement fédéral sont membres d'office de la Commission et l'anglais est la seule langue de communication officielle entre celle-ci et le secrétariat de l'Unesco à Paris. Patry constate que le Canada semble peu intéressé à la coopération technique offerte par l'Unesco. Il y propose une réforme de la Commission en divisant l'organisme sous l'autorité symbolique d'un même président en deux sections complètement autonomes, jouissant des mêmes pouvoirs et habilitées à servir d'agents de liaison officiels entre le Canada et l'Unesco. La section anglaise coordonnerait la politique d'Ottawa et celle des provinces anglophones et la section française s'intéresserait avant tout à la politique du Québec, et dans une certaine mesure à celle d'Ottawa et des autres provinces pour autant qu'elle concerne la vie culturelle française hors Québec. Patry recommande d'établir des relations directes entre le gouvernement du Québec et le secrétariat de l'Unesco et d'étudier la procédure qui pourrait rendre possibles les contacts souhaités entre Québec et le siège de l'Unesco. Pour arriver à ses fins, il entretient une étroite correspondance avec René Maheu, directeur

général de l'Unesco à Paris. Il le renseigne sur les objectifs
du Québec exposés dans le Livre blanc avant même sa publication.

Le fameux discours

Bref, Patry vit des événements qui l'incitent à proposer des
mesures pour renforcer le statut du Québec. Gérin-Lajoie acceptera la proposition de Patry de faire un discours devant
le corps consulaire de Montréal. Paul Gérin-Lajoie écrit :

> À mon retour de Paris, mon conseiller et ami André Patry, juriste
> spécialiste des relations internationales, me suggère d'adresser
> la parole devant le corps consulaire de Montréal, comprenant les
> représentants officiels d'une cinquantaine de pays. Ce serait une
> occasion privilégiée pour présenter ma vision de la présence et du
> rôle international du Québec.
>
> [...] Après un échange d'idées sur la question, André Patry prépare
> une ébauche de discours à laquelle je ferai quelques retouches[26].

Claude Morin affirme de même : «[L]e discours avait été
préparé par André Patry qui conseillait régulièrement le gouvernement sur les questions internationales et à qui j'eus moi-
même souvent recours. Cependant, la dernière phrase du
passage cité était de Gérin-Lajoie lui-même[27].» Le conseiller
assume lui-même l'organisation de l'événement en utilisant
son réseau de contacts pour que le consul général de Panama,
doyen du corps consulaire de Montréal, invite le vice-président
du Conseil exécutif à venir exposer devant ses collègues la position constitutionnelle du Québec sur l'exercice de sa compétence internationale. Patry sait qu'il peut aussi compter sur
Nandor Löwenheim, le consul général d'Autriche à Montréal :

> Homme de grande distinction, profondément attaché à la cause
> québécoise, Nandor Löwenheim était toujours prêt à effectuer
> avec ses collègues la liaison souhaitée par Québec et à leur expli-
> quer les points de vue du gouvernement de Jean Lesage en ma-
> tière constitutionnelle. C'est lui, du reste, qui aura l'idée de ce
> déjeuner consulaire où, le 12 avril 1965, Paul Gérin-Lajoie pronon-
> cera l'une des allocutions les plus importantes de notre histoire
> politique[28].

Pour la première fois dans l'histoire du Québec, un ministre du gouvernement affirme devant des dignitaires étrangers la volonté du Québec d'être un acteur de la scène internationale dans ses domaines de compétence constitutionnelle :

> Il fut un temps où l'exercice exclusif par Ottawa des compétences internationales n'était guère préjudiciable aux intérêts des États fédérés, puisque le domaine des relations internationales était assez bien délimité.
>
> Mais de nos jours, il n'en est plus ainsi. Les rapports interétatiques concernent tous les aspects de la vie sociale. C'est pourquoi, dans une fédération comme le Canada, il est maintenant nécessaire que les collectivités-membres, qui le désirent, participent activement et personnellement à l'élaboration des conventions internationales qui les intéressent directement.
>
> Il n'y a, je le répète, aucune raison que le droit d'appliquer une convention internationale soit dissocié du droit de conclure cette convention. Il s'agit des deux étapes essentielles d'une opération unique. *Il n'est plus admissible, non plus, que l'État fédéral puisse exercer une sorte de surveillance et de contrôle d'opportunité sur les relations internationales du Québec*[29].

Il va de soi que le fédéral réagira vivement au discours. Morin souligne à ce propos : « Cette doctrine allait très loin. Le discours de Gérin-Lajoie avait en bonne partie été écrit par André Patry [...], mais c'est le ministre lui-même qui avait ajouté les passages les plus susceptibles de faire sursauter les fédéraux[30]. » Le porte-parole du ministère des Affaires extérieures indiquera que « la constitution canadienne ne permet pas actuellement aux provinces de négocier et de signer seules des ententes internationales dans les domaines de sa juridiction propre[31] ». Ottawa recourra alors au même argument encore entendu aujourd'hui : « La politique générale du gouvernement canadien a toujours été, lorsqu'il exerce sa prérogative dans le domaine des Affaires extérieures, de négocier et de conclure les accords internationaux de façon à servir et à protéger les intérêts du pays tout entier, y compris toutes les provinces. » Paul Martin, ministre aux Affaires extérieures, ripostera dans un livre blanc, intitulé *Fédéralisme et relations internationales* (1968)[32].

La doctrine Gérin-Lajoie, dans son interprétation la plus ambitieuse, n'est véritablement appliquée qu'une seule fois, lorsque le Québec, grâce aux pressions de la France, est invité sans le Canada à la Conférence internationale des ministres de l'Éducation à Libreville au Gabon, en février 1968, ainsi qu'à Paris en avril de la même année. Le Québec y assume pleinement sa souveraineté dans un domaine exclusivement provincial. La réaction prévisible du fédéral sera de contre-attaquer. Ottawa tente de participer à la conférence, mais c'est peine perdue. Il envoie une lettre de protestation à la France et se jure que cette situation ne se reproduira plus.

Quant à Patry, il transmet une lettre personnelle, à titre de professeur d'université, au premier ministre Pearson où il critique la position fédérale et expose du même coup celle du Québec[33]. Il lui fait remarquer que les réactions fédérales dépassent la mesure et sont hors de proportion devant l'action du Québec en politique internationale dans une époque où diminuent les problèmes d'intérêt purement local. Il lui rappelle que l'éducation est une compétence provinciale et que le Québec, en tant que majorité francophone, devrait pouvoir conclure des ententes avec le monde francophone dans ce domaine. Patry rejette également la proposition de Pearson que le ministre québécois de l'Éducation dirige la délégation canadienne à la conférence de Libreville, parce qu'il n'est pas précisé de qui il recevra ses instructions. De plus, se demande-t-il, comment peut-il représenter le Canada et parler au nom du pays tout entier, qui est composé de dix provinces qui sont toutes autonomes dans le domaine de l'éducation? Il demande donc que le Québec, pour des raisons juridiques, pratiques, d'autonomie et d'efficacité, participe pleinement en son propre nom aux conférences des ministres de l'Éducation des pays francophones: «Mais l'insistance du gouvernement fédéral à vouloir se substituer au gouvernement du Québec dans les rapports d'ordre éducatif avec les autres gouvernements francophones me paraît relever d'une conception anachronique des relations internationales et de la souveraineté. Elle laisse même deviner, je crois, un paternalisme inacceptable[34].»

Quoi qu'il en soit, la théorie du prolongement international des compétences internes, ajoutée aux ententes conclues avec la France, apporte à une politique qui se voulait simplement pragmatique, une certaine cohérence qui consolidera les relations internationales du Québec. Désormais, l'approche de Gérin-Lajoie demeurera, à l'intérieur du régime fédéral et pour tous les gouvernements du Québec, la base de leurs réclamations en matière internationale. Cependant, Québec ne pourra contrer l'offensive fédérale en 1969, à la conférence de Kinshasa, au Congo. Désormais, la place du Québec dans les rencontres internationales sera à l'intérieur d'une délégation canadienne. « Instaurée sous le gouvernement de Jean Lesage, la politique québécoise du prolongement international des compétences internes s'est affermie sous l'administration de Daniel Johnson, puis s'est graduellement affaiblie sous celle de Jean-Jacques Bertrand[35]. » Il convient de noter que, le Québec n'étant pas un État pleinement souverain, il aurait été étonnant, malgré sa ferme volonté, qu'il répète l'exploit de Libreville. Surtout qu'il devait désormais affronter l'intransigeance de Trudeau[36].

Le Québec se contentera dorénavant de s'assurer que le fédéral le consulte et considère ses vues et ses propositions « dans l'établissement de la politique et des programmes des divers ministères et organismes fédéraux œuvrant sur la scène internationale, qu'il prévoit les possibilités d'une participation effective à leur réalisation et assure des retombées pour le Québec[37] ». La présence internationale du Québec redevient une priorité avec la ministre Louise Beaudoin qui cherchera à redonner une direction forte au ministère des Relations internationales[38]. Le 25 février 2004, devant les étudiants de la chaire du professeur Gil Rémillard à l'École nationale d'administration publique, le premier ministre Jean Charest endosse les positions prises en 1965 par Paul Gérin-Lajoie et lui donne la sanction officielle de son administration :

> [...] il ne fait aucun doute que le Québec a un rôle à jouer sur la scène internationale, et qu'il a la liberté et le droit de conclure des ententes dans ses champs de compétences avec des États, des régions et des organisations internationales. [...] il faut savoir que, contrairement à l'idée reçue, la compétence en matière de politique étrangère n'est pas attribuée à l'un ou l'autre des ordres de gouvernement dans les textes constitutionnels. [...] Je n'ai pas l'intention de m'étendre sur ce sujet, déjà bien documenté, si ce n'est que pour préciser que nous croyons que lorsque le gouvernement du Québec est le seul gouvernement compétent pour

appliquer un engagement international, il est normal qu'il soit celui qui prenne cet engagement. En somme, il revient au Québec d'assumer, sur le plan international, le prolongement de ses compétences internes. [...] En d'autres mots, ce qui est de compétence québécoise chez nous est de compétence québécoise partout[39].

Le Québec a fait un pas en avant très important par comparaison avec les années antérieures à la Révolution tranquille. Ses revendications et ses actions, à partir des années 1960, font que les activités internationales des acteurs subétatiques sont aujourd'hui une réalité incontournable. Le Québec possède maintenant 28 représentations à l'étranger[40] : 6 délégations générales[41], 4 délégations[42], 9 bureaux, 6 antennes et 3 agents d'affaires. Il offre des services dans tous les secteurs d'activité qui sont de sa compétence constitutionnelle : l'économie, l'éducation, la culture, l'immigration et les affaires publiques. L'effectif du ministère des Relations internationales, au 31 mars 2003, s'établissait à 652 personnes au total, dont 444 postes réguliers régis par la Loi sur la fonction publique et 208 postes occasionnels occupés par des gens recrutés dans les différents pays où sont situées les représentations du Québec[43]. Sa politique extérieure devient un exemple de paradiplomatie à suivre pour d'autres États fédérés en Allemagne, en Belgique et pour la Catalogne en Espagne, à un point tel qu'il accusera vite un recul par rapport à ceux-ci. C'est ce que constate Stéphane Paquin, en observant que le Québec possédait 36 représentations internationales en 2000, soit 8 de plus qu'en 2004, alors que la Flandre possède 60 représentations à l'étranger[44]. Cette différence s'explique en partie par un recul de nos dirigeants à Québec qui manquent peut-être d'audace et de volonté politique, mais aussi par une attitude intransigeante du gouvernement canadien qui devrait, comme le fait remarquer Paquin, mettre « sur pied des mécanismes de concertation comme en Belgique et en Espagne lorsque les négociations internationales concernent les champs de compétence des provinces canadiennes. C'est ce que Brian Mulroney a fait lors des négociations préparatoires à la création d'une zone de libre-échange Canada – États-Unis[45]. »

Pour une coordination efficace de la politique internationale

Le succès remporté dans ses premiers échanges avec la France, puis la formulation de la doctrine Gérin-Lajoie, quelques mois plus tard, confirment l'importance qu'ont prise les relations extérieures pour le Québec. Cela vient favoriser l'ajout d'une section internationale au sein du ministère des Affaires fédérales-provinciales (MAFP)[46]. L'idée de créer un ministère des Relations extérieures n'est toutefois pas à l'ordre du jour. Déjà que le discours de Gérin-Lajoie avait mis le feu aux poudres, Québec cherche à éviter une crise sérieuse avec Ottawa qui est très jaloux de ses prérogatives en matière de politique étrangère. À l'été de 1965, Lesage accepte la proposition de Claude Morin de former une Commission interministérielle des relations extérieures au sein du MAFP. Or, dans un mémoire daté du 9 décembre 1961, Patry avait déjà proposé « la création d'un service destiné à coordonner nos relations avec les pays étrangers et peut-être même les autres provinces, sauf sur le plan des questions juridiques, qui doivent évidemment relever du ministère des Affaires fédérales-provinciales[47] ». On retrouve également une lettre personnelle de Patry où il écrit : « [A]fin de coordonner l'activité de tous ces services à l'étranger, il me paraît opportun de recommander la création, sous l'autorité du premier ministre et la direction d'un fonctionnaire ayant le rang de sous-ministre, d'un département chargé des relations avec l'étranger [...][48]. » Quatre jours avant l'annonce officielle de Lesage concernant la Commission, Morin reçoit une lettre confidentielle de Patry, conseiller du gouvernement en matière de relations internationales. Celui-ci suggère la création de cette Commission :

> [...] le Québec doit continuer d'agir dans les domaines où la Constitution actuelle est muette ou imprécise, afin de donner une signification politique et juridique toujours plus grande à son caractère d'État francophone. C'est pourquoi, il est proposé de créer, sous l'autorité du gouvernement du Québec, une Commission interministérielle des relations extérieures[49].

Morin est très favorable à cette idée qui fera donc rapidement son chemin :

> [...] j'étais d'emblée d'accord avec l'idée d'André, d'une part parce qu'elle permettrait une meilleure coordination de notre action internationale débutante, d'autre part parce qu'elle encourageait la créativité en suscitant des initiatives dans les ministères auxquels appartenaient les membres de la Commission et, enfin, parce qu'elle n'impliquait pas que je doive (dans l'esprit de Patry, je la présiderais) me charger de fonctions administratives supplémentaires[50].

Comme le conseille aussi Patry, le gouvernement utilisera l'expression «politique extérieure» et non «politique étrangère» pour ne pas contrarier inutilement le gouvernement fédéral. Selon Patry, cette Commission dans laquelle il agira comme consultant «technique» viendrait enfin mettre fin à une politique extérieure spontanée se contentant de réagir au gré des événements. Il souhaite l'existence d'une coordination des relations que les divers ministères entretiennent avec l'étranger, une véritable politique québécoise en matière internationale. De fait, cette «Commission a pour but principal la coordination de l'activité internationale du gouvernement du Québec[51]». Elle regroupe «tous les sous-ministres de ministères appelés – ou susceptibles de l'être – à concevoir et gérer des ententes avec d'autres pays [...][52]». Son mandat est de créer des structures ou des cadres permettant de guider les ministères concernés dans l'établissement de relations avec les États étrangers. Le fédéral se montre évidemment réticent face à cette Commission en la percevant, avec raison, comme la suite logique du discours de Gérin-Lajoie. Patry ne s'en cache pas lorsqu'il souligne à André Malraux que la «commission interministérielle des relations extérieures [...] constitue un pas en avant dans la voie de l'émancipation politique[53]». La Commission, malgré sa brève existence, permit d'officialiser le développement de la diplomatie québécoise.

En 1967, sous le gouvernement de Daniel Johnson, la Commission sera finalement intégrée au nouveau ministère des Affaires intergouvernementales[54] qui assumera son rôle de coordination. C'est d'ailleurs André Patry qui suggéra la création de ce nouvel organisme[55]. Le développement accru des relations internationales au cours des dernières années amena le gouvernement à songer à assurer la cohérence de sa politique dans ce domaine. Le ministère des Affaires intergouvernementales avait alors pour but de grouper les efforts de tous les ministères par une unité d'action qui exploiterait au maximum toutes les ressources d'initiative des divers ministères. De plus, il détenait la responsabilité des délégations et des agences installées à l'étranger et de l'administration des ententes signées avec la France. Avec ce ministère, après la formulation de la doctrine Gérin-Lajoie, le Québec s'est enfin doté des outils nécessaires pour consolider son rôle d'État à l'étranger. Toutefois, il lui manque encore un instrument pour lui donner tous les moyens de sa politique dans ses relations avec les représentants des États étrangers : un service du protocole.

CHAPITRE IV

Le chef du protocole

L'Exposition universelle de Montréal tombe à point. Elle représente une occasion de faire connaître le Québec aux milliers de visiteurs étrangers venus pour l'événement et de permettre au gouvernement de donner une image moderne du Québec. Toutefois, André Patry n'ignore pas que l'État du Québec connaît un vide administratif et cela deviendra rapidement l'une de ses préoccupations. En parlant des chefs d'État, Claude Morin écrit :

> Qui les recevrait ? Comment seraient-ils accueillis ? Comment Ottawa et Québec se partageraient-ils la tâche à propos d'un événement se déroulant au Québec même ? Y aurait-il pour ces visiteurs de marque, des rencontres en tête à tête avec le premier ministre du Québec ? Ou, au contraire, devrait-on prévoir automatiquement, pour ces rencontres, la présence d'un observateur fédéral ? Toutes ces questions furent confiées à André Patry qui fut, le 6 juillet 1966, nommé auprès de l'exécutif[1].

Une occasion à saisir

Dans l'esprit d'émancipation et d'affirmation politiques de l'époque, il est inconcevable de laisser au seul gouvernement fédéral le soin d'accueillir les représentants étrangers, alors même que le Québec prétend avoir une personnalité et une capacité internationales. Pour ce faire, Patry dotera le Québec des règles protocolaires qui lui manquaient cruellement, à la veille de recevoir de hautes personnalités.

Dans les cérémonies publiques, on se contente d'appliquer, avec quelques modifications, l'ordre de préséance du gouvernement central qui, à Ottawa, place les premiers ministres des provinces après les anciens ministres fédéraux et relègue les ministres provinciaux derrière les députés fédéraux, même dans leur province. [...] Enfin, les commissaires généraux des pavillons étrangers à l'Expo 67 commencent à arriver à Montréal et ils ne jouissent encore d'aucun des privilèges qu'exige leur qualité[2].

Le Québec doit donc répondre à ces nouveaux besoins et Patry contribuera à établir un ensemble de dispositions administratives et législatives pour le doter des moyens propres à tout État qui doit traiter avec d'autres pays. Il fait part de ses idées à Morin : « Les visites diplomatiques doivent s'entourer, suivant les usages internationaux, d'un certain décorum et doivent obéir à des règles protocolaires précises. Il est bon, je crois, que le Québec établisse ses règlements dans ce domaine, afin de montrer qu'il est bien au courant des us et coutumes de la diplomatie[3]. » Si Jean Lesage, tout occupé à la campagne électorale, ne donnera pas suite à cette recommandation, Daniel Johnson, élu en juin 1966, la considérera immédiatement et nommera Patry conseiller en relations internationales. Il lui donnera également la tâche de créer un véritable service du protocole. Selon Pierre Godin, biographe de Daniel Johnson, celui-ci aurait même proposé à André Patry le poste de directeur de cabinet[4]. Ce dernier refuse, en faisant remarquer au premier ministre qu'il n'aurait aucune crédibilité auprès de l'Union nationale, d'autant qu'il n'en est même pas membre. Patry, tout comme Morin, est associé au Parti libéral de Lesage. Toutefois, Johnson a besoin de ces compétences, hauts fonctionnaires et conseillers, pour continuer sur la voie de l'émancipation politique du Québec. Patry propose plutôt, en vue de l'arrivée de nombreux visiteurs officiels, de mettre sur pied le mécanisme des réceptions officielles. Johnson acceptera sans détour et son conseiller sera promu chef du protocole[5]. Dale Thomson commente ainsi cette nomination :

Ceux qui connaissaient le brillant et capricieux professeur de droit et ses sentiments vis-à-vis le ministère des Affaires extérieures comprirent vite que cette nomination allait soulever des problèmes.

Quoi qu'il en soit, Johnson aimait bien Patry et la « compéti-
tion politique » que Patry, Morin et d'autres avaient engagée avec
Ottawa n'était pas pour lui déplaire[6].

Patry est l'homme de la situation. Depuis son adolescence, il cultive un intérêt pour la diplomatie. Comme on l'a
déjà vu, il s'occupait lui-même de recevoir des visiteurs étrangers, alors que le gouvernement les ignorait. Dans l'exercice
de ses fonctions comme chef du protocole, il bénéficiera d'une
autorité pratiquement absolue.

Patry se met à la tâche pour éliminer quelques traits coloniaux du Québec qui enlèvent, symboliquement du moins, du
poids à l'image qu'il veut projeter. Il suggère l'usage par le
premier ministre du titre de « Président du Conseil exécutif »
plutôt que « premier ministre de la Province de Québec » dans
la correspondance avec les représentants et gouvernements
étrangers[7]. Johnson accepte et créera plus tard le poste de secrétaire général du ministère du Conseil exécutif. De plus,
Patry supprime l'expression « Province du Québec » des im-
primés de l'État pour la remplacer par « Gouvernement du
Québec », changement toujours en vigueur aujourd'hui. Ces
initiatives qui irritent Ottawa viennent de nouveau confirmer
sa réputation de franc-tireur. À propos de ces changements,
Patry explique :

> Ces décisions, toutes symboliques, contribuent, en pratique, à
> faire apprécier par les pays étrangers le statut réel des membres de
> la fédération canadienne. On oublie trop souvent que le mot « pro-
> vince », tel qu'on l'emploie ici, est une traduction littérale de l'an-
> glais. En français usuel, ce vocable désigne plutôt une région géo-
> graphique ou une division administrative à l'intérieur d'un État
> décentralisé. C'est le mot « État » qu'il convient d'appliquer au
> Québec. Jean Lesage, d'ailleurs, l'employait couramment[8].

Il prend également l'initiative d'envoyer trois notes cir-
culaires aux différentes missions étrangères qui ont juridiction
sur le territoire québécois. La première informe ces dernières
des règles qui seront en vigueur lors des visites officielles au
premier ministre et à ses collègues. La deuxième concerne les
visites protocolaires des chefs de poste consulaires au premier
ministre lors de leur entrée en fonction et la dernière transmet

l'ordre de préséance lors des cérémonies officielles. Ottawa n'apprécie guère que le Québec fasse connaître aux représentants étrangers en poste au Canada un ordre protocolaire sans passer par le ministère des Affaires extérieures. Il menace même de considérer comme non avenues les prochaines notes semblables à l'adresse des missions diplomatiques. Marcel Cadieux, le sous-secrétaire d'État, demande une entente avec les autorités québécoises sur la teneur des dispositions protocolaires qui « pourront être communiquées aux missions diplomatiques sous couvert d'une note circulaire émanant du Ministère des Affaires extérieures[9] ». Patry savait qu'il froisserait les susceptibilités des fédéraux en agissant de la sorte. Mais il se rappelait amèrement la propension du sous-secrétaire d'État à retenir les lettres dont il n'était pas le destinataire. En effet, au printemps de 1965, les autorités tunisiennes avaient fait parvenir une invitation à Paul Gérin-Lajoie pour qu'il se rende à Tunis. Elle fut remise pour transmission au chef du protocole à Ottawa et le sous-secrétaire d'État aux Affaires extérieures retint le message. Il fallut l'intervention ferme des autorités tunisiennes pour que Gérin-Lajoie reçoive enfin cette lettre, presque trois mois plus tard. C'est pourquoi :

> [Patry] s'estimait justifié de porter à la connaissance des missions diplomatiques l'ordre de préséance que le gouvernement du Québec venait d'adopter dans l'exercice de ses attributions, ainsi que les règles qu'il venait d'établir pour faciliter l'accomplissement par les ambassadeurs étrangers de leurs fonctions protocolaires. Du reste, ayant entendu tant de fois Ottawa soutenir que les ambassadeurs canadiens à l'étranger représentent tout le pays, il en avait conclu que les ambassadeurs étrangers en poste dans la capitale fédérale sont également accrédités pour l'ensemble du Canada[10].

Patry considère donc l'intervention du sous-secrétaire comme inexistante. Les ambassadeurs désireux d'entrer en contact avec les autorités québécoises devront alors faire preuve d'imagination pour éviter d'irriter Ottawa, tout en établissant des rapports directs avec Québec.

Patry met sur pied les dispositions générales relatives aux visites des chefs d'État au Québec au cours de l'année 1967[11]. Il est d'abord entendu que les visiteurs passeront à Ottawa avant de se diriger vers le Québec. Ils seront accompagnés au Québec par un député plutôt que par un ministre fédéral et c'est le premier ministre du Québec ou le lieutenant-gouverneur qui accueillera les chefs d'État à leur descente d'avion. La Sûreté du Québec assume seule la sécurité des visiteurs. Patry est aussi chargé de faire en sorte que l'accueil donné aux représentants étrangers ne reflète pas uniquement la vision fédérale du Canada, mais inclut également celle du Québec comme État et des Québécois comme société. Selon Claude Morin, Patry s'acquitte de sa mission avec doigté et compétence :

> Conformément au désir de Johnson, il réussit à assurer la visibilité du Québec à l'intérieur d'une manifestation internationale axée sur Montréal, comme lieu géographique, et sur Ottawa, comme puissance d'accueil (l'expérience vécue alors se révélera fort utile lorsque, sous Trudeau, chaque visite au Québec d'un représentant officiel étranger donnera lieu à une véritable guérilla protocolaire[12]).

La visite du général de Gaulle

Évidemment, l'événement tant attendu par les Québécois n'aurait pas eu autant d'éclat sans l'apport du général de Gaulle. Dès le départ, ce dernier laisse entendre à Johnson qu'il n'est pas intéressé à aller à Ottawa ! Un maître des requêtes au Conseil d'État à Paris, Xavier Deniau, écrit à son ami personnel André Patry :

> [...] le Président de la République française, s'il se montre très empressé à inviter le Chef du Gouvernement du Québec à Paris, laisse dans le vague sa décision pour une visite à l'Exposition de Montréal.
> Il est en effet très difficile au Chef de l'État de se rendre à Montréal sans aller à Ottawa, ce qu'il ne souhaite pas ; de même, il lui est difficile de rendre visite au Gouvernement du Québec, à Québec, sans aller dans la capitale fédérale.
> Pensez-vous qu'une solution par laquelle il irait seulement à Montréal, et ne visiterait pas les deux capitales, pourrait être acceptable pour vous, ou croyez-vous qu'il pourrait également aller à Québec, sans se rendre à Ottawa, et sans que cela crée un incident désagréable entre le Gouvernement provincial et le Gouvernement fédéral[13] ?

De cette lettre, Guilmain retient que le célèbre « Vive le Québec libre » découlait peut-être d'une échappatoire du général à la visite prévue néanmoins à Ottawa. En effet, le gouvernement du Québec, malgré l'imagination de Patry, n'avait pas réussi à répondre à la demande de De Gaulle d'éviter d'aller dans la capitale fédérale sans créer une crise protocolaire. Déjà, le président de la République contournait la disposition protocolaire qui voulait que les chefs d'États se rendent d'abord à Ottawa et ensuite au Québec. De Gaulle se chargea lui-même d'éviter cette visite dans la capitale canadienne en lançant son « Vive le Québec libre ». Il refusa de revenir sur ses propos et tourna le dos au gouvernement fédéral en quittant le pays, laissant le Québec en émoi.

Avec l'itinéraire de De Gaulle, Patry devient la bête noire d'Ottawa. En effet, les négociations à ce sujet s'avèrent rapidement problématiques. C'est que le chef du protocole tient à ce que le Québec « ait l'entière responsabilité des déplacements du président sur le territoire québécois et que le rôle des représentants fédéraux soit réduit à sa plus simple expression[14] ». Évidemment, les hauts fonctionnaires fédéraux ne l'entendent pas de la sorte et une véritable partie de bras de fer est enclenchée. On se demande à Ottawa si Patry agit de son propre chef ou selon les ordres explicites de Johnson. De fait, selon Dale Thomson, il « n'en faisait pour ainsi dire qu'à sa guise » et « son comportement découlait de ses visées personnelles et non d'une ligne de conduite politique dûment formulée[15] ». L'historien Dale Thomson, qui reprend les propos d'un informateur du ministère des Affaires extérieures, affirme que certains collègues de Patry le trouvaient trop rigide et qu'ils espéraient qu'il soit muté après l'Expo.

La Belgique se retrouva aussi entre les feux d'Ottawa et de Québec. Entre 1963 et 1965, le Québec avait transmis aux Belges ses désirs d'établir des relations culturelles. Or, la Belgique discute aussi avec le gouvernement canadien en vue d'un accord culturel, ce qui indispose le Québec qui y voit évidemment un empiétement sur sa compétence en matière culturelle. On fait savoir à Bruxelles que le gouvernement du Québec ne se soumettrait pas à un tel accord-cadre. Quant à la Belgique, elle songe à un accord avec Ottawa qui ne ferait pas mention de la possibilité pour les provinces de signer leurs propres ententes avec elle. Cette attitude découle du fait que la Belgique elle-même ne tient pas à donner l'idée aux Flamands ou aux Wallons de signer leurs propres ententes avec des pays étrangers.

Le projet d'accord refait surface en mai 1967, à la veille de l'Exposition universelle. Sans consulter les provinces, Ottawa s'apprête à signer avec la Belgique un accord concernant notamment les équivalences des diplômes, qui ne prévoit aucune entente directe avec Québec en la matière. Au moment de la signature de l'entente, un couple princier belge est attendu au Québec. Claude Morin et André Patry, qui savent bien que le couple princier n'y est pour rien, cherchent alors à éviter un conflit Québec-Ottawa en faisant part des réticences du premier ministre à l'ambassadeur de Belgique au Canada. Ce dernier demanda à son gouvernement de retarder la signature de l'accord, «mais Bruxelles, pressé depuis longtemps par Ottawa, résista et décida de procéder quand même[16]». Daniel Johnson s'empresse alors d'envoyer un télégramme à Pearson pour faire part de sa désapprobation et de la désolidarisation de son gouvernement. Patry fera de même avec le ministère des Affaires extérieures en lui indiquant que la présence de l'ambassadeur canadien «en même temps que les princes belges à Québec était *no longer desirable*[17]». Comme le souligne Patry dans *Le Québec dans le monde*, *desirable* peut signifier en anglais autant «souhaitable» que «désirable». Or, Ottawa le comprend dans sa version la plus dure et Pearson transmettra «aussitôt une lettre demandant à Johnson de ne pas contrevenir à tous les usages diplomatiques et de consentir à la présence de l'ambassadeur canadien[18]».

[Pearson] fit immédiatement porter cette lettre par le plus engagé des émissaires: Marc Lalonde. Et c'est ainsi que le soir du 9 mai, [...] les deux conseillers pour les Affaires internationales [Patry et Morin] aperçoivent dans l'antichambre de Daniel Johnson un Marc Lalonde pâle et taciturne auquel l'éclairage de la pièce donne l'air d'un Grand d'Espagne retouché par Goya. Dans son bureau où il griffonne sa réponse, le Premier ministre ne semble pas tout à fait à l'aise: il craint que ses deux collaborateurs, d'un tempérament fort différent, n'aient des réactions opposées devant la lettre de Pearson où il est insinué que toute cette affaire a été concoctée par des fonctionnaires québécois. Après avoir écouté ses

> deux conseillers, Johnson suit l'avis de Claude Morin, qui favorise
> la réintégration dans le cortège princier du malheureux ambassa-
> deur, accablé, dit-on, par tant d'incompréhension. C'était, dans les
> circonstances, la seule décision raisonnable[19].

Malgré ces accrochages et la fameuse déclaration contro-
versée du général de Gaulle, l'Expo 67 se déroula tout de
même très bien pour les représentants étrangers. On n'a qu'à
lire les lettres de remerciement et de reconnaissance de ces
derniers adressées à Patry pour constater qu'ils furent tous
satisfaits de leur séjour. Par exemple, Philippe Cantave, ambassadeur d'Haïti et doyen du corps diplomatique à Ottawa,
souligne que les personnalités haïtiennes présentes à l'Expo
« sont encore sous le charme du cordial accueil du Premier
ministre Johnson et des collaborateurs[20] ». Patry est certes fier
du travail qu'il a accompli, mais il regrette que l'État québécois n'ait pas assez profité de la présence de tous ces chefs et
représentants d'État pour promouvoir sa doctrine du prolongement de ses compétences au niveau international et établir
des bases de discussions pour des relations bilatérales. Mais
le gouvernement de l'Union nationale est handicapé par une
faible majorité à l'Assemblée nationale. Patry ajoute aussi
comme explication le complexe d'infériorité ou le manque de
confiance dont souffrait Johnson à propos des relations avec
l'étranger. Bref, si le gouvernement Johnson fit vivre au Québec, sur le plan international, quelques-unes de ses plus belles heures, il a échoué à « tirer profit des visites officielles de
1967 pour jeter les fondements d'échanges permanents avec
des États qui n'attendaient qu'un geste de sa part[21] ».

Finalement, soulignons que la fonction de Patry comme
chef du protocole ne se limite pas à l'organisation de visites à
l'Expo. Il reçoit d'autres visiteurs qui viennent au Québec en
dehors de l'événement. Il y a également la crise cardiaque de
Johnson à l'été 1968 qui amène celui-ci à ajourner son voyage
à Paris. Voyant que les Français se demandent s'il s'agit d'un
véritable malaise ou si Johnson cherche à se dérober, Patry,
qui est à Paris, n'attend pas les instructions, qui du reste n'ar-
rivent pas, et prend l'initiative de « convaincre les plus hautes
personnalités françaises que le premier ministre est sérieusement malade[22] ». Il rencontre tour à tour quelques ministres,

dont André Malraux, ministre d'État chargé des Affaires culturelles, et Michel Debré, ministre des Affaires étrangères, en
plus du conseiller diplomatique de l'Élysée. Prenant conscience de la perplexité des Français à l'égard de l'état de santé
réel de Johnson et de l'intérêt véritable du gouvernement québécois à l'égard de la France, on enverra finalement à Paris
le ministre Jean-Guy Cardinal.

Patry à la commission Laurendeau-Dunton

En matière de politique culturelle, Patry avait acquis une expérience très importante au sein de la commission Laurendeau-
Dunton[23] mise sur pied par le gouvernement fédéral en 1964,
sur laquelle il convient de revenir un peu. Pour celle-ci, Patry
s'était engagé « à faire une étude sur le visage offert par le
Canada, en tant qu'État formé de deux groupes culturels dis-
tincts, au sein des organisations internationales et des plans de
coopération technique de caractère régional[24] ». Les premiers résultats des deux universitaires, Gilles Lalande et André Patry,
qui ont reçu le mandat d'enquêter sur le respect de la dualité
canadienne par le ministère des Affaires extérieures, semblent
donner raison aux nationalistes québécois qui réclament une
plus grande autonomie et un statut particulier pour le Québec. Le ministère des Affaires extérieures tentera de sortir de
cette embarrassante situation en dressant des obstacles devant les deux enquêteurs. Lalande se plaindra à juste titre de
ces obstacles suscités par un ministère largement soumis à la
gestion personnelle du sous-secrétaire d'État.

Quant à son collègue Patry, son rapport, confisqué par la
GRC et jamais diffusé, mais disponible dans son fonds d'archives, est très critique et va clairement dans le sens de l'exi-
gence d'une plus grande autonomie pour le Québec. Il tient
pour abusive la situation faite à la langue française par le
Canada dans ses relations avec les organisations internationales et demande que ce dernier soit solidaire des États francophones dans leurs efforts communs en vue d'une diffusion
toujours plus grande de leur langue. Il démontre que le visage
offert par le Canada aux conférences internationales n'est pas
celui d'un État vraiment bilingue et biculturel, mais celui
d'un État « [...] où l'administration gouvernementale est,

en pratique, d'esprit et de tradition exclusivement anglo-saxons[25]». Dans l'ensemble, la seule langue de travail des ministères est l'anglais et «ils s'acquittent de leurs tâches conformément à une politique et à des méthodes d'inspiration purement anglo-saxonne». L'enquêteur constate que la représentation de l'élément francophone au sein des délégations canadiennes aux rencontres internationales est parfois inexistante ou sinon elle se réduit «de 10% à 15%, sauf aux conférences de l'UNESCO où elle est plus satisfaisante[26]».

> [Son enquête] révèle que l'anglais est la langue de communication entre le ministère des Affaires extérieures et les organisations internationales, y compris l'Union postale universelle dont le français est pourtant la seule langue officielle, et que la plupart des représentants canadiens s'expriment en anglais dans les réunions internationales, parce qu'ils reçoivent leurs instructions dans cette langue et qu'ils ne veulent pas prendre le risque, en utilisant le français, de mal interpréter les intentions de leurs supérieurs, qui sont parfois eux-mêmes de langue française[27].

Patry termine son rapport par des recommandations qui ne plaisent sûrement pas au secrétaire d'État aux Affaires extérieures. Il demande au gouvernement fédéral de respecter le partage des compétences constitutionnelles en permettant aux autorités provinciales de se prononcer sur les sujets les concernant en matière internationale. Il va jusqu'à affirmer que le monopole exercé par le gouvernement fédéral en ce qui a trait à l'élaboration de la politique étrangère du Canada «[...] est anachronique. Il n'est plus conforme à la nature des relations internationales, qui s'étendent aujourd'hui à tous les aspects de la vie sociale, que ceux-ci ressortissent, dans un État fédératif, aux autorités centrales ou à celles des États constituants[28]». Il est, selon lui, «indispensable que le Québec ait, au sein de la fédération canadienne, un régime particulier en ce qui concerne les relations internationales». Il suggère que le gouvernement du Québec devienne le principal instrument politique des Canadiens français et qu'il soit représenté comme tel «au sein des assemblées internationales où se discutent des questions relevant, sur le plan interne canadien, de sa compétence législative». Son rapport conclut que «le Québec est mieux outillé que ne le sont les autorités fédérales pour parler, à l'étranger, au nom du groupe francophone[29]». Il affirme que la présence canadienne en Afrique francophone qui évolue difficilement serait beaucoup plus efficace si le gouvernement fédéral cessait de faire cavalier seul et s'assurait plutôt la collaboration étroite du Québec en lui offrant un rôle de premier plan. Dans le cas contraire, il prévient que si l'attitude du gouvernement fédéral ne s'assouplit guère, «il est à craindre que le gouvernement du Québec, qui en a les moyens, ne recoure à une politique qui mette en danger l'existence même du programme d'aide au Canada à l'Afrique francophone[30]». Précisons que le gouvernement du Québec possède alors son propre service de coopération technique et qu'il cherche à établir des liens particuliers avec certains États de l'Afrique francophone.

Assumer sa compétence en matière culturelle sur la scène internationale

Dans la même période, on fait de nouveau appel à lui, mais pour le compte du gouvernement du Québec. À la suite des premiers succès remportés par Paul Gérin-Lajoie avec la France, le ministre des Affaires culturelles, Pierre Laporte, cherche à signer une entente avec ce pays. En décembre 1964, il avait mis sur pied un groupe de travail pour préparer un livre blanc sur la culture. Ce groupe est présidé par Guy Frégault, sous-ministre des Affaires culturelles. André Patry en fait partie et y joue un rôle actif. Le document déposé à la fin de mai 1965 recommande l'accroissement des échanges culturels entre le Québec et les pays étrangers.

Patry est expert en droit international mais aussi en matière constitutionnelle. Son *Mémoire sur la compétence en matière culturelle dans la constitution canadienne* constate le silence de celle-ci à l'égard de la culture[31]. La Loi de 1867 n'en fait pas mention dans le partage des compétences. Mais l'article 93 confère aux provinces la compétence législative exclusive en enseignement et l'article 133 garantit l'usage des deux langues officielles dans certains domaines. Dans l'AANB, chaque passage concernant un aspect de la culture est de compétence provinciale et, ajoute Patry, l'esprit de la Constitution et le texte lui-même font de la culture une compétence exclusive des provinces. Le 8 janvier 1965, il transmet un texte qui constate le besoin de coordination dans le domaine des échanges avec l'étranger et presque exclusivement pour des raisons de pratique constitutionnelle. Il suggère que les provinces canadiennes s'inspirent du modèle allemand en envisageant la création d'un organisme de coordination pour les échanges culturels. Mais, même en l'absence d'un tel organisme, Patry recommande que le Québec assume pleinement et exclusivement la responsabilité des relations culturelles avec les États étrangers. Il juge que le fédéral établit une distinction fallacieuse entre éducation et culture et l'accuse de s'être immiscé dans le domaine culturel et de mener une politique qui voudrait interdire au Québec toute action directe sur la scène internationale dans les domaines relevant de sa compétence. On retrouve là encore la théorie de Patry qui deviendra la doctrine Gérin-Lajoie. Il termine son mémo en disant : « [I]l est proposé que le ministère des Affaires culturelles prenne les mesures nécessaires à l'établissement d'échanges culturels directs entre le Québec et les pays avec lesquels nous possédons des affinités spirituelles. » En novembre 1965, une entente culturelle sera signée entre la France et le Québec.

* * *

On constate la même pensée directrice de Patry en comparant ses recommandations à la commission Laurendeau-Dunton et celles au ministère des Affaires culturelles du Québec. Toutes vont dans le sens d'un statut autonome et particulier du Québec au sein de la fédération et celui-ci passe par une présence sur la scène internationale.

CHAPITRE V

Le diplomate en action

En plus des relations avec la France, le Québec montre son intérêt envers les autres pays de la Francophonie, particulièrement à partir de 1965. On ne veut pas se limiter à la France et on cherche à établir des ponts avec d'autres États, surtout ceux qui viennent ou qui sont près d'obtenir leur indépendance de la France et de la Belgique. Rappelons que nous sommes en pleine période de décolonisation et que plusieurs pays africains deviennent indépendants, à l'égard desquels Patry préconise une politique d'échange et de coopération.

Nécessité d'une politique de coopération

Certes, Patry reconnaît que l'expérience du Québec est mince dans le domaine de l'assistance technique, tant sur le plan de la conception que de l'organisation de la politique d'aide aux pays en voie de développement. Il craint aussi que la persistance chez les Québécois d'un certain esprit missionnaire vienne fausser l'optique de quelques-uns de ceux qui favorisent la création d'un programme d'assistance technique. Il admet également que, si le niveau de vie moyen au Québec est l'un des plus élevés qui soient au monde, ceux qui ont à se plaindre du partage inégal de la richesse pourraient néanmoins s'opposer à toute entreprise d'assistance technique du gouvernement québécois. Finalement, il souligne que dans certains domaines, le Québec aurait lui-même besoin de recevoir l'aide étrangère. D'ailleurs, les ententes avec la France vont dans ce sens.

Malgré tout, le Québec a plusieurs raisons, objectives et subjectives, d'élaborer et de mettre en œuvre une politique d'assistance technique. D'abord, Patry souligne que la solidarité humaine ne peut être un vain mot chez un peuple qui s'affirme chrétien, que celui-ci doit tenir compte de ses obligations morales et que l'entraide internationale est l'un de ses devoirs. « Le maintien de la paix dans le monde est, pour sa part, largement tributaire d'un meilleur partage des richesses entre les peuples et de l'avancement économique, social et culturel de ce qu'on appelle communément le tiers monde[1]. »

Patry évoque aussi l'expérience qui peut être acquise chez les jeunes nations. Un séjour à l'étranger, comme enseignant ou expert, représente « pour un Québécois une source exceptionnelle d'enrichissement intellectuel et moral, outre qu'il peut constituer pour lui une occasion unique d'approfondir sa francité ». Enfin, le conseiller voit dans cette aide extérieure l'un des aspects fondamentaux des relations internationales. Le Québec ne peut ainsi éviter cet aspect s'il veut vraiment être présent au sein de la communauté internationale. La mise en œuvre d'une politique d'aide à l'étranger demeure à ses yeux l'un des instruments les plus sûrs de l'affirmation canadienne-française.

> [...] il pourra, grâce à une politique d'assistance technique, remplir un rôle utile et susceptible de lui gagner des amis sur la scène internationale. À plus ou moins longue échéance, les Québécois récolteront les fruits politiques d'une opération qui est, de sa nature, humanitaire, mais qui est partie intégrante de la politique internationale, au sens le plus actuel du mot[2].

Patry considère la position constitutionnelle du Québec. De ce point de vue, il estime essentielle l'existence de crédits purement québécois et il croit que le Québec doit chercher à administrer lui-même une partie des crédits que le gouvernement fédéral affecte à l'aide extérieure. En consacrant une part de son budget à l'assistance technique, Patry sait que le Québec entre de plain-pied dans un champ déjà occupé par Ottawa. Il souhaite alors que le Québec élabore une « situation de "plan conjoint", d'où il se retirera éventuellement avec la part du lion ». L'idée est que le Québec ne demeure pas à la merci du gouvernement fédéral dans un domaine indispensable à son affirmation internationale.

Parmi ces recommandations, il insiste pour que la politique d'assistance ne se limite pas à l'éducation. Elle doit être globale et intéresser le plus grand nombre possible de ministères. Il reconnaît que l'éducation conservera toujours le rôle principal, mais si les ministères sont tous impliqués dans le domaine de l'aide étrangère, le gouvernement se sentira plus engagé et ces derniers seront moins difficiles à convaincre de la nécessité d'une politique autonome à l'endroit d'Ottawa dans le champ de la coopération technique.

Contacts bilatéraux

C'est donc dans cet esprit et avec ces objectifs en tête que Patry sera l'homme des contacts bilatéraux et multilatéraux de Lesage, de Johnson et aussi, comme nous le verrons plus tard, de Robert Bourassa. Lorsque Lesage se rend en France pour inaugurer la délégation du Québec, Paul Gérin-Lajoie, qui l'accompagne, prend la parole à Montpellier. Il y propose la création d'une communauté culturelle des peuples de langue française sur le modèle du Commonwealth. Ce discours précède d'un an le concept de *Francophonie*, c'est-à-dire d'une communauté intellectuelle, spirituelle, dont la langue officielle ou de travail commune est le français, concept défini par le président sénégalais Léopold Senghor. Gérin-Lajoie reconnaît l'apport du fédéral dans le soutien à la culture française, mais il fait aussi remarquer que le Québec entend agir en développant ses propres programmes d'aide et en accueillant les étudiants africains dans ses universités. « À la vérité, le ministre n'exprimait pas en ces termes la politique du gouvernement québécois; il traduisait plutôt les aspirations de certaines personnes, Jean-Marc Léger et André Patry entre autres, qui étaient proches de lui et qu'il consultait au chapitre des relations internationales[3]. »

Dès 1961, Patry, qui, rappelons-le, détient une connaissance exceptionnelle des pays méditerranéens et du Moyen-Orient, entreprend des démarches de rapprochement en profitant de la réunion annuelle de l'Assemblée générale des Nations unies à New York. Il rencontre les chefs de mission

du Maroc, de la Tunisie et de la Syrie et les observateurs du
Front de libération nationale d'Algérie. «Il s'agit, pour l'essentiel, d'inviter ces pays à profiter du programme d'assistance au
monde francophone que le gouvernement fédéral est en train
de mettre sur pied pour organiser avec le Québec des échanges
dans les domaines éducatif et culturel. C'est d'abord l'étonne-
ment général[4].» Le Maroc et la Tunisie, indépendants depuis
seulement quelques années, ne s'attendaient sûrement pas à
une telle proposition et n'avaient sans doute pas songé aux
avantages qu'ils pourraient tirer d'une telle coopération technique et scientifique. Aux yeux de Patry, ces pays représentent un
intérêt à long terme pour le Québec. Ils offrent une porte d'entrée, la première, en Afrique du Nord. En plus d'apporter un
crédit et une expérience au gouvernement québécois sur la
scène internationale, ces échanges peuvent aboutir au développement des relations avec les autres pays d'Afrique.

En février 1962, Habib Bourguiba Jr., ambassadeur de
Tunisie aux États-Unis et au Canada, répond à l'invitation de
Patry avec qui il entretenait une correspondance depuis leur
rencontre à New York. Il arrive à Québec pour être reçu par le
lieutenant-gouverneur Paul Comtois et le premier ministre
Jean Lesage[5]. Ce dernier était évidemment au fait des démarches de son conseiller: «[...] il est possible que le nouvel
ambassadeur veuille te rencontrer. Je me rends souvent aux
Nations-Unies et entretiens les délégués de nos problèmes et
de nos aspirations[6].» Bourguiba s'intéresse aux projets d'Ottawa pour l'Afrique et à ceux que le Québec pourrait mettre
sur pied. Il promet qu'à son retour, il fera rapport à son gouvernement. Patry atteint son objectif dans la mesure où la brè-
che est ouverte. Comme le souligne Guilmain, «le gouvernement québécois avait montré un intérêt certain à une ouverture
des relations vers la Tunisie et de son côté, l'ambassadeur de
la Tunisie reconnaît le potentiel canadien-français et en fera
part à son gouvernement[7]». Bourguiba est même enthousiaste
devant ce rapprochement et il remercie son interlocuteur ini-
tial pour sa contribution:

> Cher ami [...] je m'empresse de vous écrire ce petit mot pour vous
> remercier de tous les efforts que vous avez développés pour ren-
> dre agréable et utile mon dernier séjour à Montréal. Ma femme et

moi conservons le meilleur souvenir de l'atmosphère chaudement amicale que nous avons trouvée partout où nous sommes passés au Canada, particulièrement chez vous. [...] En attendant, je vous renouvelle mes remerciements pour l'excellente organisation de mon voyage – laquelle a été en grande partie votre œuvre[8].

Quelques années plus tard, les deux parties arriveront finalement à un accord de coopération. En août 1964, Patry organise une rencontre entre le docteur Paul Clavault, directeur général du Service des unités sanitaires du ministère de la Santé, Gaston Cholette, directeur du Service de la coopération du ministère de l'Éducation, et l'ambassadeur de Tunisie, Taieb Slim, accompagné de son premier secrétaire, Sadok Bouzayen. Les autorités tunisiennes manifestent alors leur intérêt pour une coopération technique entre le Québec et leur pays. Il est convenu par les interlocuteurs que les efforts porteront sur un recrutement de professeurs québécois d'éducation physique, disposés à un séjour d'au moins un an en Tunisie[9]. Le 12 novembre 1964, une entente de coopération technique entre le Canada et la Tunisie est signée. Patry joue alors le rôle de consultant pour la Tunisie qui lui fait confiance. Le Québec obtient l'autorisation de choisir et d'engager, par le biais du ministère concerné, les enseignants québécois qui participeront à la mission de coopération.

Bien que l'implication du Canada dans l'entente soit déterminante, le Québec parvient à sauvegarder une partie de sa compétence. Cette entente n'aurait évidemment pas été possible si le gouvernement canadien n'avait pas décidé d'affecter une somme de 300 000 dollars à la réalisation d'un programme d'aide à l'éducation en Afrique d'expression française. Certes, cette somme est dérisoire comparativement aux crédits consacrés aux pays du Commonwealth, mais la coopération et la Francophonie sont à l'ordre du jour. L'intérêt du fédéral pour la Francophonie, qui va aller croissant au cours des années suivantes, découle d'une volonté de ne pas se laisser damer le pion par le Québec qui cherche à investir la scène internationale par le biais de la Francophonie. À la suggestion de Patry qui agit dans certains dossiers comme conseiller de Herbert Moran, directeur général unilingue anglais du Bureau de l'aide extérieure, ce dernier «accepte d'étendre aux États du Maghreb les avantages du plan d'aide à l'Afrique d'expression française, rejoignant ainsi certains objectifs du gouvernement québécois[10] ».

Afin de renforcer les contacts bilatéraux avec la Tunisie, Patry organise une autre visite officielle de l'ambassadeur de ce pays, qui rencontre Lesage et Gérin-Lajoie les 25 et 26 mars 1965. On pense alors à une coopération directe avec le Québec. Peu après, ce sera au tour de la Tunisie d'inviter Gérin-Lajoie à Tunis[11], qui ne pourra s'y rendre. Celui-ci charge alors André Patry de consolider à Tunis les intérêts du Québec. Cordialement reçu par les autorités tunisiennes, il discute avec Bourguiba Jr., ministre des Affaires étrangères de Tunisie, Mestiri, secrétaire général du ministère, et Ounais, directeur de la coopération technique, qui feront part au représentant québécois des besoins que les Canadiens pourraient satisfaire.

Comme le souligne Guilmain, l'internationaliste québécois préfère élaborer une véritable politique des relations internationales et cherche à éviter la gestion au cas par cas. Inévitablement, le fédéral tente de lui mettre des bâtons dans les roues.

> [...] le Canada tiendrait pour inamical tout geste de Tunis qui serait de nature à encourager le Québec à conclure une entente de coopération avec la Tunisie, qui n'aurait pas été préalablement acceptée, quant au fond et quant à la forme, par le gouvernement canadien. Je sentis à ce moment que la Tunisie, à laquelle le Canada commençait à offrir une aide accrue, retraitait devant l'attitude d'Ottawa et prenait quelque peu ses distances à l'égard de Québec. Je décidai de saisir M. Lesage du problème[12].

Il espère toujours que le Québec débloque des fonds pour l'aide extérieure et, lors d'un déjeuner personnel avec le premier ministre, il insiste pour que le gouvernement vote des crédits de quelques centaines de milliers de dollars à la coopération avec l'étranger. Il désire que le Québec agisse seul dans un domaine dont Ottawa cherche à l'exclure. Se rendant aux arguments de Patry, Lesage accepte que 300 000 dollars soient portés au poste de la coopération technique du ministère de l'Éducation, en janvier 1966, afin de venir en aide à l'Afrique. Tunis se montre soudainement plus disposé envers le Québec, ce qui amène Patry à croire que si le gouvernement tunisien appuie un projet d'accord verbal, qu'il rédigera lui-même à son domicile en présence de l'ambassadeur tunisien, le gouvernement du Québec trouvera le moyen de contourner, sans perdre la face, certains obstacles que la méfiance du fédéral dresse constamment devant lui lorsqu'il cherche à assumer le prolongement extérieur de ses compétences législatives. Malheureusement, Ottawa exercera une pression sur Tunis et les pourparlers avorteront, tout comme ceux amorcés avec d'autres nations souveraines.

Le Québec entre également en contact avec la Mauritanie au cours du printemps 1964. Patry fait une tentative pour persuader ce pays de réaliser des échanges avec le Québec dans le cadre de l'aide canadienne à l'Afrique francophone. En avril 1965, il est reçu à Washington par l'ambassadeur de la Mauritanie auquel il soumet un projet de coopération[13]. Mais ses démarches n'apportent aucun résultat. Il tentera de nouveau sa chance en 1974, mais en vain. Ce qui semble modérément regrettable aux yeux de Patry, puisque la Mauritanie, un pays très pauvre dont l'économie est largement subventionnée par la France, n'offre guère d'intérêt pour le Québec, malgré ses importants gisements de fer.

Dans le cas américain, nous avons déjà vu que Patry avait fait une tentative à Washington[14]. Du côté européen, à part la France, les pourparlers n'aboutissent pas. La Belgique est timide et Rome assimile les provinces du Canada à de simples divisions territoriales soumises au gouvernement central. Cependant, l'Allemagne et la Tchécoslovaquie expriment un intérêt pour le Québec et c'est ainsi que, dans la dernière semaine de mai 1968, Patry est envoyé par Johnson à Bonn et à Munich. En juin 1968, il s'entretient, dans le cadre de ses fonctions de conseiller spécial du premier ministre, avec des conseillers du gouvernement allemand. Son but est de mieux connaître les rapports qui existent dans la pratique entre les autorités fédérales et les gouvernements des Länder sur le plan constitutionnel, particulièrement quant aux mécanismes mis en place pour l'harmonisation des relations interfédérales, ainsi qu'à l'exercice par les Länder de la compétence internationale que leur reconnaît la Loi fondamentale de 1949. Rappelons qu'au cours des années 1960 les autorités politiques québécoises travaillent à obtenir la modification de la

Constitution canadienne. Le Comité parlementaire sur la Constitution qui rassemble des membres du Parti libéral et de l'Union nationale est toujours sur pied et les relations fédérales-provinciales sont dominées par les pourparlers sur une révision constitutionnelle qui aboutiront à l'échec de Victoria en 1971. Le voyage de Patry a donc pour but de donner des munitions et des idées au gouvernement québécois qui cherche à modifier la Constitution dans le sens d'un renforcement du pouvoir des provinces, ou à tout le moins du Québec.

À Bonn, on lui confirme que les Länder possèdent une personnalité internationale et qu'ils entretiennent des relations directes avec leurs voisins suisses et autrichiens, ainsi qu'avec le siège du Marché commun à Bruxelles, en plus d'avoir des rapports culturels avec la France. Il arrive que des ententes internationales soient signées par les Länder avant même d'obtenir l'assentiment du fédéral. Il note que l'autorité bavaroise est très jalouse de sa compétence exclusive en éducation et en culture et que le gouvernement fédéral, conscient de cette situation, évite de recruter directement des enseignants bavarois pour ses programmes d'assistance technique à l'étranger. Les Länder sont représentés à Bonn par un plénipotentiaire, à la tête d'une véritable mission, qui se comporte un peu comme un ambassadeur en maintenant des contacts étroits avec les autorités fédérales et le corps diplomatique. Le régime fédéral allemand permet aussi à chaque Land d'exercer, via le Bundesrat, un véritable contrôle sur la législation du gouvernement central. Dans l'ensemble, constate Patry, les autorités fédérales ne s'inquiètent pas trop des multiples visites à l'étranger des ministres des Länder, car elles jugent que ces contacts profitent à toute l'Allemagne. Autre pays, autres mœurs...

Quant à la Tchécoslovaquie, elle entreprend, en décembre 1966, les premières démarches en vue de l'établissement de relations économiques et culturelles avec le Québec. Elle cherche à persuader le Québec de participer à la Quadriennale de Prague, une rencontre internationale des milieux du théâtre. Vers la mi-mars de l'année 1968, Robert Letendre, l'un des conseillers de Johnson, est envoyé en mission économique à Prague. Il constate au cours de ses discussions que la Tchécoslovaquie songe à établir au Québec une fabrique de motocyclettes et une fonderie, et s'intéresse à des projets à frais partagés. Johnson est enchanté des résultats et il demande à Patry d'aller aussi dans ce pays pour amorcer une coopération culturelle plus étendue. Il sera accompagné de Gilles Loiselle, conseiller à la délégation générale de Paris, qui est chargé de poursuivre les échanges dans les domaines abordés antérieurement par Robert Letendre. Patry s'entretiendra avec le ministre de la Culture et avec des hauts fonctionnaires des Affaires étrangères et des Affaires culturelles. Ces derniers lui confirment leur désir de créer des liens permanents avec le Québec et lui font part de leur intention d'organiser une semaine économique et culturelle à Montréal, « ville avec laquelle ils ont décidé d'établir une liaison aérienne directe parce qu'ils la tiennent, disent-ils, pour la meilleure porte d'entrée du continent nord-américain[15] ». La mission de Patry et de Letendre laisse croire à un resserrement des liens entre les deux États, mais les événements sombres qui suivent le Printemps de Prague viendront mettre fin à des relations pourtant très bien amorcées.

Patry et la libération de l'Angola

Pour ce qui est de l'Afrique, quelques programmes bilatéraux sont mis sur pied mais ils demeurent plutôt modestes. On retrouve une déclaration commune d'aide à l'Université de Butare au Rwanda dirigée par le père Georges-Henri Lévesque et un programme d'échange d'enseignants d'un budget de 50 000 dollars avec le Gabon. En ce qui concerne la déclaration commune entre le Québec et le Rwanda, signée par le premier ministre Johnson en 1967, elle est conçue et rédigée par Patry. Elle a surtout une portée symbolique. Le conseiller diplomatique a pris soin de bien choisir les mots pour qu'ils reflètent fidèlement la revendication du Québec de jouir du « droit de traiter sur un pied d'égalité, et au plus haut niveau, avec les États étrangers dans le domaine de ses compétences constitutionnelles. Ce texte est unique en son genre, puisqu'il fait état d'une invitation du Québec à un chef d'État étranger, qui l'accepte officiellement[16] ».

Patry n'attend pas que des ententes soient signées pour apporter son aide. Dans cette période de décolonisation, il prend parti pour les leaders de l'Afrique du Nord et de l'Afrique noire, soulignant alors que les raisons autrefois évoquées par les puissances européennes pour justifier leur présence politique en Afrique n'ont plus aucun fondement. Il reconnaît la volonté très nette de coopération de l'Europe dans la liberté et l'égalité, mais il regrette que le Portugal et l'Espagne, les pays alors les moins avancés d'Europe occidentale, continuent de croire à leur mission civilisatrice. «Ces deux pays n'auraient-ils pas intérêt à entrer résolument dans l'âge moderne au lieu de s'accrocher aveuglément à un passé qui a cessé depuis longtemps d'alimenter leur avenir[17]?»

Il s'engage particulièrement dans le combat pour l'indépendance de l'Angola. On retrace une abondante correspondance qui remonte à août 1962 avec Holden Roberto, le président de l'Union des populations de l'Angola (UPA) en exil au Congo[18]. Dans la première lettre, le superviseur des affaires publiques pour le réseau français propose à Roberto un entretien lors de sa prochaine visite à l'ONU, afin de discuter de la possibilité qu'il paraisse à la télévision de Radio-Canada. De son propre aveu, Patry nous informa, durant l'une de nos rencontres, qu'il tentait discrètement de montrer un point de vue favorable à l'indépendance de l'Angola. Il suggère à Roberto une rencontre avec René Lévesque qui aimerait bien le connaître[19].

Dans une lettre du 29 septembre 1962, il l'informe confidentiellement que le ministère des Affaires extérieures du Canada a été prié par le représentant au Canada d'une puissance non engagée de donner à son délégué à New York l'ordre de ne pas voter lorsque se présentera la motion d'exclusion du Portugal[20]. Roberto envoie aussi de l'information à Patry sur les actions et les intentions de son parti contre l'occupant portugais et de la documentation qui permettra, selon lui, de juger du bien-fondé de son action et qui servira de démenti formel à tout ce que leurs ennemis sont en train de fomenter en vue de compliquer davantage sa tâche. Dans une lettre du mois d'août 1964, Roberto revient sur les innombrables difficultés d'approvisionnement en matériel et sur le silence que le Portugal entretient autour de leur révolution. Il affirme ne pas avoir assez de moyens pour informer l'opinion mondiale sur les 500 000 réfugiés se trouvant dans une situation très pénible et regrette que l'aide des pays africains soit insuffisante. Il demande à son correspondant de constituer un comité d'aide aux réfugiés angolais au Canada pour prendre en charge leurs besoins immédiats (vêtements, médicaments).

Dans le même mois, Patry répondra positivement à la requête de Roberto. D'abord, on apprend qu'il fera en sorte que les représentants angolais n'aient pas de problème pendant leurs voyages au Canada, étant donné l'opposition du Portugal à toutes concessions. Par exemple, il suggère à Roberto de prendre l'engagement de ne pas parler en public pour obtenir son visa, si les circonstances l'exigent[21]. Il lui offre même d'assumer ses frais de déplacement et de séjour et de lui faire rencontrer chez lui quelques personnalités influentes. Il s'enquiert également du sort des réfugiés angolais dans le but de lancer un appel public et peut-être même d'organiser un comité d'entraide et de secours[22].

Plus tard, en 1967, le vice-premier ministre du gouvernement révolutionnaire de l'Angola en exil (GRAE) et président général du Parti démocratique de l'Angola, Emmanuel Kounzika, remercie Patry de sa sympathie et de sa sollicitude, particulièrement en matière d'enseignement, et de ses efforts pour défendre la cause de la libération de l'Angola et de la liberté en général[23]. Les deux hommes ont fait connaissance à Tunis, en 1965. Patry l'avait alors mis en contact avec la maison Hatier, un éditeur, afin de lui faire obtenir des livres pédagogiques. Cette correspondance montre précisément les efforts déployés par Patry pour répondre aux besoins de l'Angola en éducation. Il cherche à obtenir un accord entre la maison Hatier et l'Angola et offre même une machine à photocopier que le chargé de l'éducation angolais acceptera, puisque les diplômes des étudiants sont photocopiés par des services étrangers à leur organisation. Kounzika remerciera son ami québécois de lui avoir transmis, en plus de la photocopieuse, les notes de son propre cours à la Faculté de droit, ainsi que des livres.

Dans son engagement pour la libération de l'Angola, Patry ira jusqu'à rencontrer à Lisbonne le ministre de l'Information du Portugal pour lui demander s'il ne trouverait pas plus avantageux pour le rayonnement de la langue portugaise qu'il y ait dans le monde sept États indépendants utilisant cette langue plutôt que d'en avoir seulement deux, le Brésil et le Portugal, dont l'un contrôle les cinq autres. Le ministre lui répond que le Portugal craint que la perte de ses colonies n'entraîne l'écroulement de son économie. L'Angola proclamera, finalement, son indépendance en 1975, qui sera malheureusement suivie d'une guerre civile sanglante.

Dans ses rapports avec les pays d'Afrique, Patry s'intéresse aussi au sort du Congo. On retrouve une importante correspondance diplomatique avec le Katanga, province qui a fait sécession[24], où il fait plusieurs commentaires et recommandations à propos du projet constitutionnel des États confédérés soumis à la conférence de Tananarive à Madagascar. Il souligne le caractère précaire des confédérations et suggère, entre autres, de spécifier le droit de sécession moyennant préavis, de créer un service diplomatique qui soit complètement distinct du service consulaire et commercial, d'ouvrir des missions permanentes dans certains pays et de montrer l'indépendance du Katanga en s'émancipant de l'aide économique ou technique de la Belgique et en refusant des conseillers belges dans certains ministères (affaires extérieures, défense nationale, commerce extérieur, cabinet du premier ministre). Il recommande aux autorités katangaises de ne pas faire complètement sécession et de s'unir plutôt au reste du Congo à l'intérieur d'une fédération très souple, afin d'éviter que la province ne soit totalement reprise par les Belges.

Patry, sous-ministre de l'Immigration

Le travail de Patry au sein du gouvernement de l'Union nationale se termine en 1970, après un séjour de deux ans comme sous-ministre de l'Immigration au sein d'un ministère[25] qu'il avait lui-même suggéré de créer. Patry dira qu'il a été nommé sous-ministre « à son insu », dans la mesure où il n'a jamais été consulté pour cette nomination. Il a reçu tout simplement un appel du ministre de l'Immigration, Yves Gabias, lui annonçant que le premier ministre l'avait nommé sous-ministre. Ce sera d'ailleurs la première et la dernière fois qu'il parlera à son ministre ! Soulignons que cette nomination ne plaisait pas à Gabias qui n'aimait pas Patry. C'était d'ailleurs réciproque, ce dernier n'appréciant pas la grossièreté du ministre.

André Patry détient les qualités requises pour ce poste : il est polyglotte, possède une connaissance exceptionnelle de la culture et des réalités de très nombreux pays dans le monde, ainsi qu'une forte expérience dans la fonction publique. Parlant couramment l'italien, il est en mesure d'entretenir des liens particuliers avec l'Italie[26], pays d'émigration. C'est que la création de ce ministère coïncide avec le problème de plus en plus chaud de l'apprentissage de la langue française par la minorité italienne de Montréal, principalement établie à Saint-Léonard. En effet, à la fin de l'été 1969, les Québécois francophones qui veulent que les enfants italiens fréquentent leurs écoles affrontent les parents de ces derniers qui désirent continuer à les envoyer à l'école anglaise.

Patry reçoit alors à son bureau le consul d'Italie qui lui transmet une requête au sujet du problème de Saint-Léonard.

> Dans l'un de ces points, la représentation italienne demande que les droits acquis des immigrants italiens ne soient pas mis en question dans le domaine de l'enseignement. Dans un autre, elle prie le gouvernement du Québec de prendre des mesures de sécurité exceptionnelles pour la protection des ressortissants italiens à l'occasion du défilé du Mouvement d'intégration scolaire[27].

Le sous-ministre, qui fera rapport oralement de cette intervention au premier ministre Bertrand et au Conseil des ministres, comprend que le diplomate cherche à éviter que ce problème ne parvienne jusqu'au parlement de Rome, alors que le Québec veut ouvrir des agences d'immigration en Italie. C'est que le gouvernement italien tente de décourager ses habitants de quitter le pays. D'ailleurs, Patry demandera à Benjamin Rogers, l'ambassadeur du Canada en Italie, des précisions à ce sujet, puisque advenant une baisse de l'immigration italienne, le gouvernement québécois entend revoir son programme d'aide et d'intégration destiné à cette communauté[28]. Concernant la question de l'équivalence des diplômes soulevée par l'ambassadeur, Patry lui fait remarquer que le Québec ne peut accorder celle-ci dans une situation de chômage élevé au Canada sans susciter une opposition prévisible du milieu ouvrier. Pour ce qui est de l'accès à l'école anglaise, le sous-ministre le rassure par la loi 63, récemment votée par le Parlement, qui consacre le principe du libre choix, permettant ainsi aux parents de choisir la langue d'enseignement de leurs enfants. Patry signale aussi que les immigrants ont droit à l'assurance-maladie après trois mois de résidence et qu'il est impossible pour le gouvernement de subventionner les cours de langue italienne dans la communauté concernée sans risquer de recevoir de pareilles demandes des autres minorités ethniques.

Bref, on voit bien par le mandat de Patry que le premier dossier d'envergure du nouveau ministère concernait l'immigration et l'intégration des Italiens au Québec. Il faut dire qu'il s'agit d'une minorité au poids démographique et économique important. Dès ses débuts, le ministère de l'Immigration est aux prises avec le problème de la langue et celui-ci ne se réglera, encore que partiellement et surtout pas définitivement, qu'avec l'adoption de la loi 101. La question de l'équivalence des diplômes n'est toujours pas entièrement résolue.

Comment Patry jugera-t-il son passage à ce ministère ? On peut déduire, en constatant sa courte présence d'environ un an, que certaines choses lui déplaisaient. Une note critique de Patry au premier ministre Jean-Jacques Bertrand nous dévoile de façon éclairante l'état de la situation du ministère de l'Immigration à ses débuts. En quelque sorte, on pourrait parler d'un certain fouillis administratif !

D'entrée de jeu, Patry dénonce l'incurie administrative du ministère. Il reproche au gouvernement de ne pas avoir défini les fondements et les objectifs de sa politique en matière d'immigration. L'activité du ministre se borne à faire quelques déclarations publiques sur la politique de son ministère et il refuse même de voir son sous-ministre ! Il laisse Patry sans directives et l'expose à prendre des décisions susceptibles d'être désavouées par la suite.

Le sous-ministre est « appelé à assumer des responsabilités dont il n'a jamais pu connaître l'orientation. Il n'a eu aucun contact avec son ministre depuis sa propre assermentation, le 3 décembre 1968. Il s'agit sans doute là d'une situation unique dans l'histoire administrative du Québec[29] ». Patry souligne que le ministère n'a embauché qu'une seule personne et que lui-même n'a même pas de bureaux à Montréal, alors que c'est là qu'on retrouve la majorité des immigrants et des néo-Québécois. Il n'a pas non plus de secrétaire. Patry s'en prend durement au ministère des Travaux publics en soulevant son « inefficacité presque totale », puisqu'il est incapable de dénicher des bureaux pour le ministère de l'Immigration à Montréal. Il annonce au premier ministre : « Mes rapports avec le Ministère des Travaux publics m'ont révélé le degré d'incompétence des fonctionnaires qui le dirigent et m'ont également permis d'entrouvrir le rideau derrière lequel se font des combines que vous désapprouveriez. »

L'absence de politique en matière d'immigration laisse évidemment une impression de tâtonnement et d'incertitude aux yeux des néo-Québécois et des immigrants qui attendent toujours un geste concret du gouvernement à leur égard. Patry déplore les jugements gênants que cela suscite à l'égard du gouvernement, comme celui du consul général d'Italie qui a dit à ses collègues que l'État québécois ne savait pas quoi faire. Le sous-ministre conclut sa lettre en se demandant si le gouvernement est vraiment intéressé à l'immigration et à l'intégration des néo-Québécois. « Aurait-il voulu simplement donner l'impression qu'il était sérieux, aurait-il voulu simplement rassurer une certaine opinion publique qu'il n'aurait pas agi autrement. »

CHAPITRE VI

André Patry et le monde arabe

> André Patry était très pro-arabe. C'était un
> des rares qui avaient une connaissance des
> relations internationales et il avait beaucoup
> d'ascendant intellectuel et moral. C'est cer-
> tain qu'il a influencé les politiques du gouver-
> nement. Celles du Parti Québécois aussi.
>
> LOUISE BEAUDOIN[1]

Si le gouvernement de Jean-Jacques Bertrand s'annonçait plus
modéré que celui de Daniel Johnson, le retour du Parti libéral en 1970 amorce un virage. Le nouveau premier ministre,
Robert Bourassa, met fin à une décennie de relations internationales hautement politisées pour le Québec en cherchant à
être plus conciliant avec Ottawa. « Le Québec amorce, au plan
international, une phase beaucoup plus réactive que proac-
tive[2]. » Lors de leur séjour dans l'opposition et pendant la
campagne électorale, les libéraux s'acharnaient à dénoncer la
conduite du Québec à l'étranger, lui reprochant notamment de
susciter des querelles protocolaires avec Ottawa et d'autoriser
des voyages jugés trop nombreux et coûteux. Certes, c'était sans
compter avec Claude Morin, l'artisan par excellence des relations internationales du Québec, et avec la direction des relations internationales et le service de la coopération, au sein du
ministère des Affaires intergouvernementales, qui tenteront

de garder le cap sur les grands objectifs. Ainsi, la volonté du nouveau gouvernement d'adopter une attitude pragmatique dans ses relations internationales et de réduire au minimum ses obligations sociales n'empêche pas le ministère des Affaires intergouvernementales de retrouver une certaine vitesse de croisière, mais dans un climat de morosité qui viendra à bout de Claude Morin qui démissionnera[3].

Malgré le départ d'un allié franc-tireur et l'arrivée d'un gouvernement moins nationaliste, Patry ne quittera pas la fonction publique. Il devient d'abord conseiller au ministère des Affaires culturelles. Mais notre attention s'arrête surtout à Robert Bourassa qui décide de mettre sur pied une direction des affaires arabes à l'intérieur du ministère des Affaires intergouvernementales, en 1974. Qui d'autre qu'André Patry pour occuper ce poste? Ainsi, la décision de Bourassa de ramener les relations internationales du Québec à une dimension presque essentiellement économique sera-t-elle profitable à la carrière d'André Patry. Il faut dire que depuis la crise du pétrole, l'intérêt pour les pays arabes a sensiblement augmenté. Si on ajoute que la relance économique est la priorité du programme de Bourassa, on comprend l'importance que prennent les relations avec les pays arabes.

L'expert du monde arabe se chargera alors de trouver les occasions d'investissements, les possibilités d'échanges, les contacts, etc. L'objectif du gouvernement est d'assurer une présence minimale du Québec au Proche-Orient, afin, principalement, de garantir son ravitaillement en pétrole. Pendant son mandat, Patry assure les premiers contacts gouvernementaux en traitant directement avec la Syrie, l'Iraq, l'Arabie Saoudite, le Koweït et le Liban. Sa fonction de conseiller politique dans les relations et la coopération internationales consiste à donner son avis sur tout dossier pertinent, à faire au ministre des propositions relatives à la conduite des relations internationales, à l'informer de tout événement ou de toute situation de caractère politique ou économique se produisant à l'étranger et pouvant affecter la conduite des relations internationales et, enfin, à faire le point sur l'activité internationale au ministère[4].

Pour une présence dans le monde arabe

En technocrate efficace, Patry rédige un rapport dès sa nomination aux affaires arabes[5]. Il établit l'objectif général et la méthode pour l'atteindre, les obstacles à surmonter, la justification de la démarche et le plan d'action. L'objectif général est de resserrer les liens économiques entre le Québec et les États arabes, «particulièrement ceux qui disposent de capitaux en quête d'investissement et ceux dont le développement fait appel à une forme d'assistance technique que le Québec peut fournir». Plus précisément, le gouvernement vise l'investissement au Québec de capitaux publics et privés dans plusieurs domaines et l'achat par les États intéressés de biens de consommation et d'équipement produits au Québec. La participation d'entreprises québécoises à des projets arabes d'aménagement et de mise en valeur des régions urbaines et rurales est requise. Le Québec se montre prêt à apporter une assistance technique aux États arabes.

Certes, il existe des obstacles relevés par Patry. D'abord, la concurrence mondiale, principalement américaine, anglaise, allemande et japonaise. Le Québec doit également faire face à des «attitudes et pratiques commerciales déroutantes, qui exigent une dose étendue de persévérance, une grande souplesse et, autant que possible, une façon inédite d'aborder les questions économiques, où se manifeste chez l'interlocuteur occidental une bonne connaissance de la culture arabe». Le jeu en vaut la chandelle : l'énormité des capitaux disponibles et les paiements comptant sont assurés. Pour atteindre les objectifs fixés, Patry tient compte de la mentalité arabe. Il sait que les Arabes sont très sensibles au rayonnement de leur langue et qu'ils apprécient toute marque d'estime à l'égard de leur civilisation. Constatant qu'ils ne refusent jamais l'amitié qui leur est offerte quand elle est fondée sur le respect de leurs valeurs propres, il conclut que la meilleure façon d'aborder le monde arabe consiste à multiplier les gestes d'amitié et de considération à l'endroit de la langue et de la culture arabes.

Encore une fois, on ne peut que remarquer la vision globale de l'expert. Il ne se limite pas aux affaires économiques. Pour lui, le démarchage économique auprès du monde arabe doit s'accompagner d'une dimension culturelle. Il propose alors de faire une série de gestes de nature à attirer l'attention et la sympathie des Arabes à l'égard du Québec. Pour ce faire, il suggère de multiples mesures, dont l'établissement d'une chaire d'étude sur l'Afrique du Nord et le Proche-Orient et l'organisation d'un cours sur la langue et la culture arabes dans une université francophone[6], une action directe du gouvernement auprès des associations culturelles québécoises intéressées aux échanges avec les pays arabes, l'encouragement du gouvernement au rayonnement de l'Association des universités partiellement ou entièrement de langue française (AUPELF) dans les pays arabes, l'établissement de rapports privilégiés avec les représentants à Ottawa des États arabes et l'accueil par le ministère des Affaires intergouvernementales des personnalités arabes de passage au Québec. À l'étranger, il suggère l'établissement de relations étroites avec les services arabes du Quai d'Orsay, «le maintien de rapports privilégiés avec le siège à Paris de la Ligue des États arabes, afin d'obtenir, notamment, que passent par Montréal les personnalités arabes qui vont d'Europe vers les États-Unis». Il recommande aussi de maintenir des rapports avec la section musulmane du secrétariat pour les non-chrétiens au Vatican, afin de suivre de près le développement des liens entre le christianisme et l'islam[7]. De plus, il trouve important que le Québec participe aux grandes foires économiques tenues dans le monde arabe et aux manifestations culturelles de caractère international.

À moyen et long terme, la forme d'action suggérée par Patry vise à créer au sein du monde arabe un courant de sympathie en faveur du Québec. Il ne perd cependant pas de vue l'objectif d'ordre économique. Il s'agit de profiter au maximum de la conjoncture économique et d'attirer des capitaux en provenance des revenus pétroliers, en plus d'associer les entreprises québécoises au développement des pays arabes.

Les relations du Québec avec le Proche-Orient

Que donnent concrètement les objectifs et le plan d'action fixés par Patry pour favoriser la percée du gouvernement du Québec dans le monde arabe, plus particulièrement au Moyen-Orient où se situent les pays pourvus de capitaux?

D'abord, soulignons que les relations entre le Québec et le Liban sont relativement anciennes. Cependant, Patry affirme qu'«elles n'ont vraiment commencé, au niveau intergouvernemental, qu'avec l'arrivée à Montréal du premier consul général, M. Pierre Ziadé, vers les débuts de l'administration de M. Bourassa[8]». Les échanges se veulent alors culturels, le Liban étant considéré comme un pays francophone. En avril 1974, Patry songe alors au Liban comme à un tremplin possible vers le Proche-Orient. Pour ce faire, il cherche à établir une délégation dans ce pays et à recruter un secrétaire commercial ou un attaché culturel. À cette époque, bien des hommes d'affaires du Québec voient les Libanais comme les intermédiaires rêvés pour pénétrer le marché arabe. Ce pays demeure, avant la guerre civile, la grande place bancaire du Proche-Orient. De fait, le ministre libanais de la Santé offre au gouvernement du Québec de servir d'intermédiaire, en vue d'une rencontre, entre le ministre saoudien du Pétrole et Robert Bourassa. Mais le conseiller de Bourassa déchantera rapidement, comme on le constate dans une lettre adressée à Arthur Tremblay, sous-ministre aux Affaires intergouvernementales[9]. Il lui paraît alors peu souhaitable de recourir aux services du gouvernement libanais pour deux raisons. Premièrement, le Liban a besoin du pétrole et des fonds saoudiens comme le Québec. C'est donc un concurrent. En effet, les Libanais sont en quête de contrats arabes et Patry se méfie de leurs propositions apparemment alléchantes, mais accompagnées de conditions souvent impossibles à remplir.

Deuxièmement, il relève l'échec du père Madet auprès de l'ambassadeur saoudien à Beyrouth pour obtenir certaines faveurs. Cette affaire est pour le moins inusitée. De sa propre initiative, le sous-ministre des Affaires sociales, Martin Laberge, demande à un ami jésuite qui habite Beyrouth, le père Madet, d'aller rencontrer le ministre saoudien du Pétrole par l'ambassade saoudienne au Liban. Le recours à un jésuite comme intermédiaire auprès d'un gouvernement musulman ne semble guère sérieux et crédible! On devine que Patry, qui connaît bien la culture et la mentalité arabes, reprochera au sous-ministre son comportement peu réaliste. La démarche de Laberge est évidemment un échec comme on peut le constater dans une lettre du père Madet adressée au sous-ministre.

Parlant de sa rencontre avec l'ambassadeur, le jésuite écrit:
« [I]l a terminé en me disant que son gouvernement, quand il
s'agit par exemple de l'URSS, entend traiter avec l'administration centrale et non pas avec l'une des Républiques prise
séparément[10].» Pour Patry, il lui semblerait donc étonnant que
le ministre saoudien du Pétrole consente à recevoir le premier
ministre Bourassa ou son représentant sans l'assentiment du
gouvernement fédéral. Du reste, les autorités canadiennes
« ne manqueront pas alors de s'étonner de la procédure suivie
par nous et découvriront sans doute ce qu'il y a là-dessous»,
écrit-il à Arthur Tremblay.

Mais plusieurs croyaient à l'efficacité, au désintéressement
et à la gratitude d'un certain Liban «chrétien et francophone».
Le Québec a déjà apporté au Liban une aide éducative et
technique non négligeable. Mais Patry doute de la fiabilité
du Liban. Il reçoit une lettre de Jean-Paul Gignac, PDG de
Sidbec:

> [...] il a fallu un an et demi de négociations, de tribulations et de
> discussions de toutes sortes pour en arriver à construire une école
> de 12 classes [...] qui nous a laissé la bouche amère. [...] j'ai per-
> sonnellement fait au moins 8 à 9 voyages au Liban pour essayer de
> faire avancer les choses et nous n'avons réussi à construire cette
> école que parce que ça devenait gênant pour le gouvernement
> libanais de refuser l'offre que nous leur faisions.

Plus tard, ces tribulations font dire à Patry qu'il ne faut
plus croire que le Liban, sur le plan économique, est un interlocuteur privilégié au Proche-Orient. «Plus encore que le Québec, le Liban est demandeur, et on ne recourt pas normale-
ment à un indigent pour amadouer un nanti! Notre intérêt
pour le Liban doit découler de sa participation à l'Agence de
coopération culturelle et technique et se manifester, pour l'essentiel, par l'assistance technique[11].» Il sera cependant en faveur de l'établissement d'une délégation du Québec au Liban
pour trois raisons: l'importance des échanges au sein de
l'Agence entre les deux États, la présence au Québec de plusieurs milliers de citoyens d'origine libanaise, actifs dans le milieu des affaires, et la possibilité de faire de la mission québécoise «à Beyrouth un poste d'observation et de coordination
dans le domaine économique pour tout le Proche-Orient,

ainsi qu'un point d'appui pour une pénétration économique éventuelle au Liban même et aussi en Jordanie, pays qui entretient d'excellentes relations avec Beyrouth[12]». Mais cette délégation ne verra jamais le jour et le Liban sombrera bientôt dans la guerre civile.

Les succès sont plus probants avec la Syrie. Patry prend contact avec le consulat syrien à Montréal qui accepte l'assistance québécoise en matière de tourisme[13]. Il amorce une politique de coopération avec ce pays qui aboutit à une décision du ministre des Affaires intergouvernementales d'accorder à quelques étudiants syriens des bourses de formation à l'Institut de tourisme et d'hôtellerie du Québec. Une entente sera conclue avec Damas, en mai 1974. L'objectif derrière celle-ci est d'établir avec la Syrie une politique de coopération pour favoriser l'implantation dans la région d'un réseau de motels de type québécois dont la gestion serait confiée à une société québécoise. Mais le gouvernement du Québec ne donnant pas suite à la demande de la Syrie de contribuer à la production d'un film touristique sur ce pays, «les autorités de Damas, de plus en plus entraînées de leur côté dans la guerre civile libanaise, durent ajourner leurs projets de développement touristique, et l'affaire en resta là[14]». D'un point de vue plus économique, Patry voit dans la Syrie la porte d'entrée de l'Arabie[15]. Constatant que la Syrie jouit d'un grand prestige au Proche-Orient, que les plus grandes firmes saoudiennes y possèdent des représentants et que son développement est largement subventionné par des capitaux saoudiens, il en déduit que «toute percée de l'entreprise québécoise sur ce marché, relativement plus accessible que les marchés de la Péninsule, est susceptible d'avoir des répercussions dans toute la région, et plus spécialement en Arabie Saoudite».

Au cours de son mandat, Patry contribue aussi à amorcer des relations avec le Koweït et l'Arabie Saoudite. Il s'occupe de l'accueil et du séjour de leurs représentants et entreprend avec eux des pourparlers[16]. En mai 1976, Patry, qui avait été nommé l'année précédente président du Comité interministériel de l'année olympique, reçoit la visite d'une délégation koweïtienne présidée par le ministre de l'Éducation nationale de cet État. Il lui offre un dîner à l'hôtel Champlain auquel assisteront des universitaires québécois. L'année suivante, une première mission québécoise, dirigée par un fonctionnaire du ministère de l'Industrie et du Commerce, ira séjourner au Koweït. Les premiers contacts avec l'Arabie Saoudite, outre la rencontre du père Madet, se déroulent en juillet 1974, lors de la visite à Montréal de M. Mangour, directeur des Services éducatifs et culturels saoudiens aux États-Unis, qui est reçu lui aussi à dîner par Patry. Mangour s'enquiert alors des possibilités d'admission d'étudiants saoudiens dans les facultés scientifiques et médicales des universités canadiennes. Cette venue sera suivie un an plus tard par le passage à Montréal d'une mission éducative saoudienne. En avril 1977, la première mission commerciale québécoise, toujours dirigée par un fonctionnaire du ministère de l'Industrie et du Commerce, se rend à Riyad et à Djeddah. «Il convient, du reste, de reconnaître que la présence économique québécoise en Arabie Saoudite s'inscrit largement dans le sillage des nombreuses missions, souvent de niveau ministériel, que le gouvernement canadien a envoyées dans ce pays au cours des dernières années[17].» De son côté, Patry ira jusqu'à suggérer au premier ministre Bourassa la nomination de professeurs québécois à l'Alliance française de Bahreïn et à l'Université de Bagdad. Dans les faits, il s'agissait de couverture pour des informateurs. Mais la suggestion audacieuse de Patry restera lettre morte.

Le Québec sera bientôt près d'une entente fort enrichissante avec un pays du Golfe: l'Iraq. Les relations entre les deux États remontent à l'entretien qu'a Patry à Ottawa, le 4 juin 1974, avec l'ambassadeur d'Iraq, à l'issue d'une rencontre avec tous les ambassadeurs arabes au Canada convoquée à sa demande par l'ambassadeur de Tunisie, dans le but de leur confirmer l'intérêt du Québec à l'égard du monde arabe.

Ce premier contact donna immédiatement lieu à d'importants pourparlers entre Bagdad et Québec, à l'occasion notamment de la visite de l'Ambassadeur d'Iraq au président de l'Hydro-Québec en juin, du séjour officiel du sous-ministre québécois des Richesses naturelles à Bagdad en juillet, de l'entretien de l'Ambassadeur d'Iraq avec le premier ministre à Québec également en juillet, de ma nouvelle rencontre avec l'ambassadeur d'Iraq à Ottawa en août et finalement du séjour au Québec en novembre d'une mission technique iraquienne invitée par Hydro-Québec[18].

Un document intitulé «Opération Québec-Iraq» rédigé par Patry démontre bien en quoi consistait cette série de rencontres: la conclusion entre les deux parties d'un important accord de coopération économique et technique, valable pour dix ans[19]. À l'époque, le conseiller voit dans cet accord l'un des plus importants que le Québec ait négociés. L'entente vise essentiellement à fournir à l'Iraq, en échange de son pétrole, des biens et des services, notamment dans le domaine technologique. Avec l'assentiment de Bourassa qui reçoit l'ambassadeur d'Iraq dans ses bureaux, le Québec s'engage à importer 300 000 barils de pétrole par jour pendant dix ans pour une somme totale de 9 milliards de dollars. En retour, l'Iraq s'engage pour une somme équivalente à acheter des biens et services québécois qui ne sont alors pas encore précisés. Une entente en or qui amènera Patry à suggérer la création d'une société d'État ad hoc pour la mise en œuvre de ce vaste accord.

Bien que le Québec ne puisse fournir dans le moment des biens et des services dont le coût équivaudrait au prix de la quantité de pétrole, Patry fait remarquer que le Québec ne peut laisser échapper une telle occasion:

> C'est pourquoi, il convient de profiter des bonnes dispositions de l'Iraq à notre égard pour mettre sur pied, avec détermination et méthode, une opération destinée à combler, dans la mesure du possible, ceux de ses besoins technologiques dont l'Iraq pourrait attendre la satisfaction du Québec. [...] ce projet permettra au gouvernement du Québec d'animer une opération économique internationale hautement profitable, sur un plan plus général, à la collectivité québécoise. Cette entreprise, en effet, forcera les Québécois à effectuer un inventaire très utile de leurs ressources technologiques et les incitera, également, à s'intéresser davantage aux marchés internationaux, ce qui contribuera naturellement à l'expansion de leur économie au cours des prochaines décennies[20].

Malheureusement, Robert Bourassa décide plutôt de se tourner vers l'Iran et les projets d'échanges entre Bagdad et Québec sont suspendus. Le Québec n'est pas, à cet instant, en mesure de répondre aux offres des deux pays. Le volet «publicitaire» des échanges entre l'Iran et le Québec semble aussi plaire davantage au premier ministre qui a un souci de l'image très développé. Il sera reçu comme un véritable chef d'État par le Chah, lors de sa visite en Iran entre le 24 et le 29 octobre 1975. Il faut dire que, selon Patry, le frère du Chah était un ami de Claude Simard, beau-frère de Bourassa[21]. Il s'agit de la première visite à caractère officiel d'un premier ministre du Québec dans un État non francophone.

L'entretien entre Bourassa et le Chah est cordial, selon l'ambassadeur du Canada en Iran, et dure environ 50 minutes.

> *The Shah and Bourassa explored each others thinking on economic, political, social developments in their respective jurisdictions. Mr. Bourassa won the Shah's interest and respect by his knowledge of economic policy and his political courage in having faced issue of trade union blackmail in Quebec squarely by putting three leading trade unionists in jail[22].*

Le Chah félicite donc Bourassa pour l'arrestation du président de la FTQ, Louis Laberge, d'Yvon Charbonneau, de la CEQ, et de Marcel Pepin, de la CSN! Ce qui n'a rien d'étonnant, étant donné l'autocratisme du Chah. Après quelques échanges sur des sujets économiques, Bourassa raconte que, très tôt dans sa carrière comme premier ministre, il affronta le terrorisme (Crise d'octobre) et, plus récemment, les syndicats, en mettant en prison trois de ses leaders. « *The Shah was clearly impressed by this example of political courage so contrary to what he has come to expect from western democratic leaders.* » Jim George conclut au succès de cet entretien qui aidera, selon lui, au développement des relations entre le Canada et l'Iran.

Bourassa signe un protocole d'entente avec l'Iran, en octobre 1975. Divers projets qui engageront l'État québécois et l'entreprise privée sont retenus, tels que la mise sur pied d'une organisation chargée de l'avancement de l'industrie minière en Iran[23], la livraison de 10 000 tonnes de lait écrémé en poudre, l'intervention d'Hydro-Québec dans trois secteurs choisis par le ministère iranien de l'Énergie[24], l'implantation en Iran d'une usine de maisons préfabriquées, ainsi que la fourniture à ce pays d'habitations du même type. Dans le cadre du protocole Iran-Québec, des négociations ont abouti à la signature d'un contrat financier relatif à la création en Iran de 15 centres de formation technique pour une valeur de 37,3 millions de dollars. Il s'agit d'unités semi-mobiles, c'est-à-dire pouvant être démontées et transférées d'une région à l'autre de l'Iran, destinées à la formation professionnelle d'ouvriers semi-spécialisés. On prévoit créer 1100 emplois au Québec, en vertu de ce contrat. Le protocole d'entente comprend un programme de coopération entre le ministre iranien des Sciences et de l'Enseignement supérieur et le ministère québécois des Affaires sociales, en vue de la participation de professeurs québécois à l'enseignement de la médecine en Iran. L'ambassadeur du Canada en Iran, Jim George, conclut ainsi :

> *Bourassa is returning home impressed with not only commercial possibilities in this prospective market which will be importing dlrs 40 billion worth of goods and services per year within four years, but he has also been struck by discipline and dynamism of a government and a society that seemed to be able to keep their inflation to within reasonable limits even in a period of greatly increasing national income[25].*

Ces millions de dollars dépensés pour mettre sur pied ces projets seront malheureusement bien vains : Khomeiny et sa révolution islamique viendront mettre un terme aux échanges prometteurs entre les deux États.

Mais rien ne semble perdu avec l'Iraq, alors qu'une mission commerciale québécoise fait un séjour à Bagdad, en avril 1977. Les pourparlers se poursuivent, en septembre, entre le nouvel ambassadeur d'Iraq et un fonctionnaire du ministère de l'Industrie et du Commerce. On apprend alors que si les autorités iraquiennes n'entretiennent pas de très bonnes relations avec Ottawa, étant donné sa position pro-israélienne[26], elles se montrent plus ouvertes à l'égard du Québec qui demeure plus discret sur la question du conflit israélo-palestinien et fait preuve d'ouverture dans ses rapports avec les pays arabes. Il semble bien que la stratégie de Patry de créer un courant de sympathie pour le Québec ait porté ses fruits. D'ailleurs, il nous a affirmé que l'ambassadeur iraquien lui avait déjà confié que son pays voudrait être le premier, avant la France, à reconnaître un Québec indépendant ! Il faut dire que, selon Jean-François Lisée, il existait un « parti palestinien » au sein de la diplomatie québécoise de l'époque, du moins sous le gouvernement Lévesque. « Le ministère des Affaires intergouvernementales [...] ne prend jamais position sur les questions internationales, sauf quand elles concernent le Proche-Orient, et alors toujours pour soutenir le point de vue arabe[27].» Ainsi, en mai 1977, le premier ministre René Lévesque enverra à la communauté arabophone du Québec un message d'amitié proposé et rédigé entièrement par Patry[28]. En voici le texte :

> Au nom du Gouvernement du Québec, j'offre mes meilleurs vœux à tous les citoyens d'origine arabe, chrétiens et musulmans, et je les félicite du rôle grandissant qu'ils jouent au sein de notre communauté.
>
> Je tiens à rappeler l'importance que le Québec attache au resserrement de ses liens économiques et culturels avec les États arabes et je forme le vœu qu'un plus grand nombre d'entreprises et de sociétés arabes participent au développement du Québec.
>
> Je réitère par ailleurs la ferme intention du Gouvernement de protéger les libertés individuelles et de respecter les cultures allogènes au sein d'un Québec où la majorité francophone, rentrée dans ses droits, pourra enfin vivre et s'épanouir normalement.
>
> C'est pourquoi, soucieux du respect des droits nationaux, partout dans le monde, je souhaite que les Palestiniens retrouvent, à côté d'Israël, une partie qui leur soit propre pour que prenne fin leur trop long exil[29].

Malheureusement, cette entente nettement profitable pour le Québec n'aboutit pas. Les élections et le changement de gouvernement freinent le projet et les rapports tendus entre le Canada et l'Iraq ne favorisent pas les choses. De plus, il s'avère que l'Iraq est particulièrement intéressé par les installations de Gentilly et la technologie nucléaire canadienne. La réglementation stricte du fédéral mettra un frein à l'ambition de Bagdad. Finalement, c'est la France qui consent à vendre à l'Iraq une centrale nucléaire qui sera détruite par l'aviation israélienne en 1981.

Des échanges seront également développés avec d'autres pays arabes. Les relations avec l'Algérie sont particulièrement importantes et s'amorcent sur l'initiative de Patry.

> C'est en septembre 1964 que l'Algérie, à la suggestion de l'ambassade du Canada à Washington, prit contact, sans doute pour la

> première fois, avec un conseiller du gouvernement québécois [André Patry]. En effet, à cette époque, le premier secrétaire de l'ambassade d'Algérie aux États-Unis, M. Aberkane, fit un bref séjour à Montréal où il discuta avec moi de la possibilité d'envoyer des ingénieurs québécois dans son pays[30].

Le conseiller était sensible aux revendications de libération de l'Algérie et favorisait l'expression de son point de vue, alors qu'il était à Radio-Canada, notamment en invitant sur les ondes l'observateur du FLN algérien à l'ONU. Bien que son projet ne reçoive pas immédiatement l'attention nécessaire du ministère des Richesses naturelles, les relations entre le Québec et l'Algérie se développeront au cours des années 1970. D'abord limitées à une coopération éducative et technique, elles deviendront considérables sur le plan économique[31].

Sans que Patry soit nécessairement impliqué directement dans les relations avec chacun des pays arabes, on constate que le gouvernement adopte sa stratégie de créer un courant de sympathie en amorçant les échanges sur le mode culturel et en aidant par une coopération technique. Il faut aussi relever une certaine continuité dans l'esprit du conseiller. En effet, dès les années 1960, il pousse le gouvernement du Québec à tenter une percée au Maghreb. Il lui sera alors plus facile de frapper à la porte des pays du Moyen-Orient. Patry sait aussi que le Québec, encore novice en relations internationales, profite d'un certain avantage en matière d'échanges culturels pour faciliter à moyen et à long terme les ouvertures économiques dans la région, puisqu'il détient une certaine expérience acquise au cours des années 1960.

Après son départ du ministère des Affaires intergouvernementales en 1976, la direction des Affaires arabes étant supprimée comme telle avec l'arrivée du nouveau gouvernement, Patry continuera le même travail au sein de l'Agence du Golfe arabe qu'il fonde la même année. Cette Agence fournit alors de l'information aux entreprises et au gouvernement du Québec sur les réalités politiques, économiques et culturelles dans les pays arabes, en plus de servir de lobby pour les intérêts québécois dans cette région. Dans le fonds d'archives de Patry, on trouve divers rapports et mémoires rédigés par son Agence. Parmi ces derniers, on retrouve ceux déjà cités dans ce chapitre, mais aussi un rapport d'une quinzaine de

pages daté de 1977 et intitulé «Trois gros clients en attente».
Il s'agit du Venezuela, de l'Algérie et de l'Arabie Saoudite.
Ce rapport démontre très bien le type de travail qu'effectuait
l'Agence. Il note les possibilités d'action restées inexploitées
pour réduire le déficit commercial du Québec, les marchés à
conquérir, les possibilités d'intervention des entreprises québécoises dans certains de ces pays, la situation financière et
économique de ces derniers, les stratégies à adopter, les projets à envisager, les difficultés à surmonter, etc. Mais la durée
de vie de l'Agence est plutôt courte, Patry étant dans l'obligation d'y mettre fin en 1978, lorsqu'il est nommé délégué
général du Québec en Belgique et au Luxembourg.

CHAPITRE VII

Le délégué général

L'expérience de délégué général d'André Patry sera non seulement de courte durée, mais comptera parmi ses moins bons souvenirs. Un fonctionnaire en poste à Bruxelles lui reprochera sa piètre qualité de gestionnaire et sèmera sournoisement la discorde au sein de la délégation. En fait, sans l'avouer, ce fonctionnaire verra d'un mauvais œil le comportement de son supérieur qui agit comme le chef d'une véritable mission diplomatique en cherchant à fréquenter les personnalités politiques les plus influentes de Bruxelles. Mais Patry réfute ces attaques avec fougue, comme on le constate dans un rapport daté du 7 décembre 1978. Patry donne sa version des faits pour expliquer les déboires de la délégation et décrit du même coup les raisons pour lesquelles il quitte abruptement son poste. Ce rapport permet aussi de connaître le statut de la délégation, les exigences de l'ambassade du Canada, les conventions en vigueur entre la Belgique et le Québec, le mandat du délégué général, les objectifs du Québec dans ce pays et la carence du ministère. Son contenu est très critique à l'égard du gouvernement.

Dans le cadre de ses fonctions, Patry se voit confier la tâche de surveiller et de diriger le personnel de sa mission. Pour le délégué, le vocable «diriger» reste vague et, en pratique, n'a presque aucun sens. «Comment, en effet, un chef de mission peut-il vraiment diriger des collègues qui reçoivent à son insu la totalité de leurs instructions (c'est le cas des conseillers économiques et des conseillers en immigration) ou la plus grande partie de celles-ci (c'est le cas de tous les autres conseillers)[1]?» Il s'en prend aux instructions du ministre, dont celles contenues dans le mandat ad hoc qui «est un véritable catalogue de généralités». Par exemple, Patry affirme que la description des tâches du délégué tient à une énumération de lieux communs. Le délégué démissionnaire vient également remettre en question une critique du ministère à propos de l'exercice de l'une de ses fonctions: le maintien de relations fréquentes avec les représentants des pays étrangers accrédités en Belgique. Alors qu'il dit prendre cette responsabilité au sérieux, on lui reproche d'en abuser en soulignant qu'il ne faut pas «se prendre pour d'autres». Parmi les tâches du délégué, on retrouve également celle de «surveiller l'évolution de la réforme politique et administrative en Belgique, au cas où celle-ci pourrait amener le Québec à modifier la nature des liens qu'il a établis avec ce pays». Patry déplore que le ministère ait ignoré ses deux mémoires du 15 mai et du 10 juillet 1978 à ce sujet.

À propos des rapports qu'il doit établir avec le Luxembourg et la Hollande qui font partie du territoire auquel s'étend la juridiction de la délégation générale de Bruxelles, Patry fait remarquer que, s'il lui était relativement facile de traiter avec le Grand-Duché, il en allait tout autrement avec les Pays-Bas dont les autorités n'avaient jamais été informées de sa nomination et de son mandat. Or, il précise que la «décision prise par un État de confier à l'un de ses représentants un mandat à l'égard d'un autre État n'oblige nullement celui-ci à tenir ce mandat pour valable. Les actes unilatéraux ne sont opposables aux tiers que pour autant qu'ils leur ont été notifiés[2]».

En ce qui concerne les objectifs du gouvernement du Québec en Belgique, Patry constate l'absence d'une véritable politique. Pourtant, souligne-t-il, le Québec a été, en tant qu'État fédéré, un pionnier en matière de relations internationales. Il pourrait ainsi «proposer aux Belges une concertation en vue d'infléchir la pratique internationale dans le domaine des rapports interétatiques et de faire admettre clairement par le droit international la faculté des États ou régions autonomes de jouir d'une certaine personnalité internationale[3]».

Pour ce qui est de la politique culturelle du Québec en Belgique, il ne la trouve pas du tout satisfaisante:

Elle souffre avant tout de dispersion. On consacre une énergie énorme, et même le temps presque complet d'un attaché, à des activités populaires, généralement organisées par des mouvements politiques, qui sont d'autant plus inutiles qu'elles ne servent de point d'appui à aucune politique véritable ; et outre qu'elles engagent des montants qui pourraient être affectés à des objectifs plus sérieux, ces activités jettent, par leur côté puéril, un certain discrédit sur l'image de la délégation générale dans les milieux gouvernementaux et diplomatiques de Bruxelles[4].

Selon lui, cet éparpillement est un indice de paresse et de complaisance, puisqu'il est plus ardu de mettre en œuvre une politique axée sur des projets aptes à produire des effets durables et bénéfiques que de distribuer des dépliants ou de décorer la vitrine d'un magasin aux couleurs du Québec. Il remarque tout de même qu'une telle politique s'amorce, mais il déplore l'insuffisance des crédits, le manque de disponibilité et l'incompétence du fonctionnaire qui, à Québec, a la responsabilité des relations belgo-québécoises.

Dans son rapport, il expose les carences du ministère. Il rappelle d'abord qu'aucune mission diplomatique ou consulaire ne peut fonctionner sérieusement sans le maintien de liens permanents avec le ministère dont elle relève. Il constate que Québec s'en tient habituellement à des directives générales et que des mois peuvent passer sans que n'émane la moindre instruction. Il réclame donc des précisions sur des aspects de son mandat. Il dit recevoir bel et bien des réponses, mais il leur reproche leur caractère contradictoire et leur ignorance des réalités locales.

Patry parle aussi d'un manque de réalisme de la part du ministère. Il souligne qu'on lui suggère de confier l'organisation d'un certain nombre de missions culturelles à des conseillers en immigration, afin d'alléger la tâche du conseiller en coopération. Patry rejette cette proposition qui relève, selon lui, de l'étourderie. Il fait remarquer que ces conseillers en immigration souffriraient d'une absence de crédibilité face aux interlocuteurs belges et qu'ils risqueraient de les décontenancer en les amenant à constater le manque de sérieux de l'interlocuteur québécois.

Il reproche également au ministère des Affaires intergouvernementales l'insuffisance des crédits affectés aux réceptions

officielles. Selon lui, « la situation frise l'aberration ». Il propose
de réduire le nombre des cocktails, « où l'on retrouve avant tout
le mini-lobby québécois surtout composé de fonctionnaires peu
influents et de retraités en quête de distraction », plutôt que
d'imposer au délégué à Bruxelles des restrictions budgétaires
aussi peu réalistes pour les réceptions qui en valent la peine. Il
critique la multiplication ailleurs des réceptions, comme à
New York où ces frais ont connu une hausse de 800 %. Il dénonce aussi les quelques centaines d'invitations lancées par
la délégation pour un cocktail, à l'occasion du Congrès international des professeurs de français, alors que l'ambassade de
France s'est contentée d'inviter 80 personnes et que le ministre
de l'Éducation belge en a reçu 30, à son bureau, pour l'apéritif.
Patry souligne qu'il a tenté de changer ces mauvaises habitu-
des de la délégation générale en Belgique, mais en vain :

> Chaque fois que j'ai voulu enrayer la prodigalité de la délégation
> générale et en limiter l'activité sociale aux seuls événements qui la
> justifiaient, je me suis heurté à l'opposition de mes collaborateurs,
> et en particulier à celle hautement exprimée du « chef de cabinet »,
> qui tenaient à ce que je fasse « comme avant ». J'étais alors tenté de
> leur demander : « Mais les Belges, eux, que font-ils à Montréal ?
> Combien de réceptions offrent-ils chaque année aux Québécois[5] ? »

Finalement, Patry dit avoir subi « les intrigues d'un petit
réseau de fonctionnaires, les uns arrivistes et potiniers, les
autres incorrigiblement naïfs ». Par exemple, toujours selon
Patry, ils échangeaient des « informations et se consultaient en
vue de donner à la délégation générale l'orientation de leur
choix, bien décidés ensuite à l'imposer envers et contre tous ».

> [...] six semaines avant que ne soit rédigée la réponse officielle du
> Ministère, le « chef de cabinet » m'a informé que celui-ci rejetterait
> les suggestions faites au ministre et aux sous-ministres dans mon
> mémoire du 15 mai. De mes supérieurs je n'ai donc reçu, pendant
> mon séjour à Bruxelles, qu'une attention distraite. C'est pourquoi,
> las d'une telle incurie, je suis rentré, après avoir donné au Minis-
> tère, en temps opportun, les préavis d'usage[6].

Il démissionne donc de la délégation générale du Québec
en Belgique. L'ambassadeur du Canada dans ce pays d'Europe, Lucien Lamoureux, dit alors regretter son départ.

Il serait facile d'écrire longuement pour rappeler vos importantes réalisations pendant votre séjour trop bref en Belgique [...] Je me contente de vous dire que je vous ai beaucoup admiré. Vous possédez en mesure peu commune les plus belles qualités du diplomate de profession. Votre intelligence, votre érudition et votre sensibilité vous font voir subtilement la réalité des choses et vous font agir avec prudence et modération. Je vous l'ai dit : pour tout cela je vous ai admiré. Vous avez bien œuvré à Bruxelles et je vous en félicite[7].

Plus tard, Patry nous confiera, à propos de ces mois passés dans la capitale belge, qu'ils furent sur le plan professionnel les plus médiocres de sa vie. Il rappelle qu'il n'avait pas alors d'interlocuteurs significatifs, les régions belges n'ayant pas encore le statut constitutionnel dont elles bénéficieront peu de temps après sa démission. Ses successeurs immédiats, Jean-Marc Léger et Jean-Paul L'Allier, exerceront leur mandat dans des conditions plus avantageuses. Patry ne retournera jamais dans la haute fonction publique, bien qu'il serve à l'occasion, et ce, jusqu'à aujourd'hui, de conseiller pour certains ministères, particulièrement celui des relations internationales, et qu'il demeurera toujours engagé dans la cité.

CHAPITRE VIII

Des années 1980 à nos jours

Lorsque Patry accepte le poste de délégué général à l'âge de 55 ans, ses obligations l'amènent à dissoudre son Agence du Golfe arabe, pour éviter tout conflit d'intérêts. Ayant perdu l'essentiel de sa clientèle, à son retour au pays, il fonde une nouvelle agence : Informinter, pour « informations internationales ». Elle demeurera sa principale occupation jusqu'en 1998. La nouvelle agence met l'accent sur le politique et le juridique, plutôt que sur la transmission d'informations sur certains marchés internationaux. Elle suggère, par exemple, des solutions juridiques à des conflits politiques qui pourraient survenir. Elle décrit le contexte intérieur de quelques pays et prépare des rapports de synthèse pour le gouvernement ou l'entreprise privée relativement à leurs relations avec l'étranger.

On retient surtout du travail d'Informinter inc. sa contribution à l'élaboration d'une législation québécoise favorisant l'établissement au Québec d'organismes internationaux, de même qu'à l'élaboration d'une politique de la Ville de Montréal à l'égard de ces organismes. L'Agence obtient une attention particulière de la part de Gérard D. Lévesque et du maire Jean Drapeau. Patry écrit à ce dernier qu'il faut faire pression sur le gouvernement pour que celui-ci adopte une loi-cadre définissant les grandes catégories d'organisations internationales et précisant la nature et l'étendue des privilèges fiscaux dont chacune pourra bénéficier, afin que Montréal devienne le siège de plusieurs organismes internationaux non gouvernementaux. «Sans une telle législation, il sera pratiquement impossible de convaincre des conseils d'administration d'organismes internationaux non gouvernementaux qu'ils ont intérêt à manifester leur présence au Québec [...]¹.» Dans le fonds d'archives de Patry, on retrouve un mémoire d'une trentaine de pages qui définit justement les grandes catégories d'organisations internationales, en plus de faire plusieurs recommandations. L'objectif de ce mémoire est précisé en ces termes :

> [...] favoriser l'implantation au Québec du siège principal ou régional d'organisations internationales à but non lucratif en leur garantissant au moyen de lois et de règlements particuliers le bénéfice d'avantages variés, notamment d'ordre fiscal, pour elles-mêmes et pour ceux de leurs dirigeants et fonctionnaires qui ne sont pas citoyens ou résidents permanents du Canada².

Le travail et les recommandations de Patry se retrouvent en bonne partie dans le dépliant *L'accueil des organisations internationales non gouvernementales au Québec*, publié par le ministère des Affaires internationales sous le ministre Paul Gobeil (1985-1988).

On retient également de cette période l'obtention d'un contrat sous la présidence d'Yvon Martineau, pour l'élaboration d'une politique de consolidation et d'élargissement du rôle d'Hydro-Québec à l'étranger dans la perspective de donner une plus grande visibilité au Québec dans le monde. En tant que membre du conseil d'administration d'Hydro-Québec International, Patry propose, dans un mémoire, la définition d'une politique à long terme qui viserait l'association d'Hydro-Québec avec d'autres organismes semblables relevant directement d'entités juridiques ou d'États étrangers disposés à établir avec la société québécoise un partenariat institutionnalisé sous la forme d'un établissement public international³. L'État étranger auquel s'adresserait le Québec serait invité à examiner la possibilité de se dégager de sa responsabilité immédiate dans la gestion d'un service public déterminé pour confier cette tâche à une entreprise déjà existante ou créée à cette fin par lui. Le même État serait ensuite engagé à étudier une offre de partenariat d'Hydro-Québec en tant que cogestionnaire de l'entreprise nationale, en vue de la prise en charge du service public dont il viendrait d'abandonner l'administration directe. Patry croit alors que les États trouveraient avantageuse cette proposition, car elle viendrait alléger leur appareil administratif et permettrait à un organisme étranger, peu suspect de desseins équivoques, de lui apporter, pour le mieux-être de ses citoyens, une expertise d'une qualité universellement reconnue. L'association d'Hydro-Québec avec une entreprise publique étrangère accroîtrait sa visibilité internationale et sa crédibilité en tant qu'organisme voué à l'avancement économique, social et technologique de l'humanité contemporaine. Patry suggère, à titre d'exemple, qu'Hydro-Québec prenne contact avec les cinq pays d'Amérique centrale pour leur proposer de mettre en commun leur richesse hydraulique et de lui en confier la gestion et, le cas échéant, l'exploitation.

Finalement, soulignons que l'agence Informinter a financé les activités de l'Association Paul-Valéry, du nom d'un grand penseur français admiré par Patry. Fondée en 1994, l'Association voulait organiser des conférences et des séminaires sur des sujets historiques et scientifiques. Elle suspend ses activités en février 1995, après quatre séances, Patry constatant qu'elle avait été mal engagée eu égard aux objectifs qu'il lui avait fixés.

Un conseiller toujours actif

Parallèlement à son travail au sein de son Agence, Patry exerce aussi la fonction de juriste-conseil dans le cabinet André R. Dorais, depuis 1998. On sollicite ses services pour des dossiers d'ordre international importants, mais cette responsabilité demeure essentiellement sporadique. Dorais a eu des clients qui traitaient avec l'Unesco et divers organismes internationaux. Patry a aussi contribué à la présence du cabinet Dorais dans le monde arabe. En tant que juriste au même cabinet, Patry a rédigé en 2003 quatre fascicules de droit constitutionnel ou international, déjà brièvement mentionnés au cours de l'ouvrage. *La représentation du Québec à l'étranger* décrit le fondement juridique de celle-ci. Patry fait remarquer que si l'un des mots du dernier paragraphe de l'article 92 de l'Acte de 1867 parle des matières d'une nature purement locale ou privée, «il ne reste guère plus de matières purement

locales[4]». En effet, «presque tous les domaines sur lesquels
les provinces canadiennes ont le pouvoir de légiférer ont une
dimension internationale dont il doit être tenu compte pour
assurer aux lois l'efficacité attendue».

> Ou bien les affaires dites locales ont toujours la signification
> qu'elles possédaient en 1867 ou bien elles s'étendent implicite-
> ment à ce qui est inséparable, dans les faits, de leur définition ori-
> ginelle. Si l'on s'en tient à la conception traditionnelle des affaires
> locales, la capacité législative des provinces s'achemine fatalement
> vers une paralysie graduelle appelée à réduire à peu de chose le
> caractère fédératif de l'État canadien. Mais si l'on reconnaît que les
> affaires dites locales tendent à devenir de plus en plus transfron-
> talières, on doit adhérer au principe du prolongement de la com-
> pétence des provinces hors de leurs frontières, dans le respect,
> comme cela va de soi, de la politique étrangère du Canada et des
> conventions internationales auxquelles elle est assujettie.

On constate que la doctrine Gérin-Lajoie est toujours, sinon encore davantage, pertinente près de quarante ans après
sa formulation. L'argument juridique est aussi sensiblement
le même. La position de Patry est claire : refuser toute dimension internationale à l'exercice de leurs compétences signifie
qu'on ne reconnaît pas que les unités constituantes sont en
mesure d'exercer pleinement leurs compétences.

Dans l'un de ces fascicules, le juriste décrit le fondement
historique de la représentation du Québec à l'étranger. D'un
point de vue plus juridique, il traite des conventions de Vienne
de 1961 et de 1963 qui révèlent que le droit international continue d'ignorer l'existence des États à capacité restreinte, en plus
de ne pas leur reconnaître la «faculté de se faire représenter à
l'étranger par leurs propres agents et d'exiger pour eux des
immunités et privilèges spécifiques». Il aborde ensuite le statut du Québec à l'étranger qui varie selon les pays et l'importance des relations qu'ils entretiennent avec le Québec. Il termine avec le statut au Québec de ses agents extérieurs qui
découle de la Loi sur le ministère des Relations internationales. Cette loi fonde le droit du Québec d'agir sur la scène
internationale.

Dans un même ordre d'idées, Patry rédigera un document sur «La compétence internationale des provinces cana-

diennes». Cette étude vise à exposer le point de vue fédéral et à le commenter dans l'optique québécoise. En premier lieu, Patry rappelle que l'Acte de 1867 demeure silencieux à propos de la compétence législative extérieure et souligne que «l'État fédéral s'approprie la totalité de cette compétence, tandis que l'État fédéré du Québec s'en adjuge ce qui constitue, selon lui, le prolongement logique de ses compétences législatives». La thèse de la compétence exclusive du gouvernement fédéral en matière internationale repose sur la prérogative royale, les pouvoirs résiduels et le pouvoir d'annulation de toutes les lois provinciales par Ottawa. La prérogative royale qui fait du monarque la source et le dépositaire du pouvoir souverain à l'égard des puissances étrangères aurait été remise dans sa totalité au gouvernement central par les Lettres patentes de 1947 qui cèdent celle-ci au gouverneur général. Ce dernier deviendrait alors le seul à pouvoir accomplir des actes de portée internationale. Le Québec conteste cette interprétation. Il souligne que, en «transmettant au gouverneur général *un pouvoir qui était en Grande-Bretagne indivisible puisque ce pays est un État unitaire*, les Lettres patentes ne pouvaient agir au Canada que dans le cadre de la constitution, laquelle décrète le partage des compétences législatives, c'est-à-dire la divisibilité de la prérogative royale[5]».

Patry analyse ensuite deux jugements en faveur des provinces: la cause *Liquidators of Maritime Bank vs. Receiver-General of New Brunswick* de 1892 qui reconnaît l'autonomie et l'indépendance des provinces dans l'exercice de leurs compétences exclusives et le *Labour Conventions Case* de 1937 que nous avons déjà évoqué au chapitre III. Rappelons que ce dernier jugement «empêche le parlement fédéral d'adopter des lois dont la catégorie relève des législatures provinciales, en vue de la mise en œuvre des traités internationaux [...]». Depuis ce jugement, Patry démontre que, «malgré de fréquentes remises en question dans les provinces anglophones, la décision de 1937 reste impérative et fait toujours partie de la constitution». Bien que le fédéral profite de son pouvoir de dépenser pour empiéter sur les compétences provinciales, il évite «d'adopter toute mesure législative apte à être contestée par l'une ou l'autre des provinces».

En ce qui concerne les pouvoirs résiduels, Patry conclut que si les compétences non attribuées relèvent en principe du fédéral, « certaines d'entre elles peuvent n'être en fait que des compétences implicites inséparables de l'exercice efficace par les provinces des pouvoirs que leur attribue la constitution ». Les relations internationales en donnent le meilleur exemple. Si elles relèvent d'une compétence non répartie, il n'en demeure pas moins que de nombreuses affaires de nature locale ont une dimension internationale incontestable.

Quant au pouvoir d'annulation, le pouvoir de désaveu, l'article 90 de l'Acte de 1867 stipule qu'Ottawa peut, dans un délai déterminé, annuler les lois adoptées par une province. Le gouvernement fédéral a fait appel à cet article « pour affirmer que les provinces ne peuvent s'engager internationalement, puisque n'importe quelle obligation contractée par elles peut être annulée par Ottawa ». À ce sujet, Patry fait judicieusement remarquer que le droit d'annulation d'Ottawa concerne les actes du législatif et non de l'exécutif. Par conséquent, il ne s'applique pas à la conduite des relations internationales qui relève de l'exécutif.

Quelle est la situation des États non souverains en droit international? Selon Patry et plusieurs juristes, aucun principe n'interdit à un État non souverain qui possède des compétences internes de faire des actes de portée internationale. Ainsi, l'absence d'une disposition concernant ces États dans la convention de Vienne de 1969 sur le droit des traités n'empêche pas certains États fédérés d'avoir une capacité réelle de contracter certains engagements internationaux. Cependant, Patry constate qu'il n'y a toujours pas de convention universelle qui permettrait à un État fédéré de réclamer l'immunité de juridiction pour ses actes publics et qu'il existe en fait un certain « flottement » dans la pratique internationale à ce sujet.

Le document du juriste aborde finalement « les modalités d'exercice du droit des traités ». Devant les difficultés de pouvoir signer des traités, le Québec peut toujours, selon Patry, choisir des moyens moins visibles, et peut-être en apparence moins valorisants, « qui peuvent produire des avantages aussi substantiels que les accords bilatéraux conclus dans les formes d'usage ». On retrouve d'abord les législations parallèles, c'est-à-dire les cas où deux parties ayant des intérêts communs prennent l'engagement d'adopter des mesures législatives ou administratives parallèles dans les domaines de leurs compétences, en vue de répondre à leurs besoins. En ce qui concerne les établissements publics internationaux, nous en avons déjà parlé au sujet d'Hydro-Québec International, dont il a été question plus haut.

Des années 1980 jusqu'à aujourd'hui, Patry conseille à l'occasion des membres du gouvernement. On retrouve plusieurs traces de ces interventions dans ses archives, dont une note adressée au ministre Gil Rémillard lors de la conférence de Charlottetown au sujet des accords du même nom[6]. Ces derniers ayant été élaborés en anglais, car c'était la seule langue de travail et de communication pendant les séances, Patry y voit la nécessité de lire avec une attention particulière le libellé du texte rédigé en anglais.

Patry s'implique donc dans le débat entourant le projet de Charlottetown en y jouant un rôle de conseiller linguistique et juridique. Par exemple, il souligne que l'expression *ethnic*, qui se rattache à des réalités sociologiques, culturelles et collectives, ouvre la porte à de futures revendications de communautés culturelles au nom de l'égalité ethnique. Pour Patry, les mots *racial equality* auraient sûrement suffi.

Pour ce qui est de la reconnaissance du Québec dans les Accords, Patry déplore qu'on y ait défini la notion de « société distincte », « car définir, c'est limiter ». Il remarque que la version anglaise est par ailleurs plus restrictive que la version française et qu'« il n'y a aucune garantie que les aspects sociaux et économiques de la société distincte seront tenus pour recevables par les tribunaux en cas de litige ».

Pour résumer, soulignons que la note remise à Rémillard met en relief quelques faiblesses des accords de Charlottetown. On y trouve des considérations, notamment sur le pouvoir législatif accordé aux autochtones qui pourrait nuire aux compétences provinciales et entraîner des conflits avec les provinces et sur la « participation des non-autochtones aux gouvernements autochtones » qui introduit des notions raciales dans la législation canadienne. Cette disposition prévoit que « l'accord relatif à la nation métisse définit, à ses propres fins, ce qu'est un métis et engage les gouvernements à dénombrer et à inscrire les métis ». Ce qui fait dire à Patry qu'il

s'agit ni plus ni moins que d'une clause d'apartheid! En
somme, les nombreuses réserves du conseiller nous rappel-
lent les raisons pour lesquelles les accords de Charlottetown
furent finalement un échec constitutionnel.

Au lendemain des attentats du 11 septembre 2001, Patry
sent l'obligation d'envoyer une note confidentielle à Louise
Beaudoin, alors ministre des Relations internationales, et à
l'intention du Conseil des ministres. Il écrit:

> En raison de l'incertitude qui pèse sur la nature et l'étendue de la
> riposte américaine aux attentats du 11 septembre dernier, et sur
> l'importance de la réaction qu'elle soulèvera dans l'ensemble du
> monde musulman, particulièrement là où les mouvements isla-
> mistes sont agissants, il paraît raisonnable de demander aux mi-
> nistères et organismes du Québec de remettre à un moment ulté-
> rieur les visites et démarches auprès des pays du Maghreb et du
> Proche-Orient qui avaient été planifiées pour les prochaines
> semaines.
>
> Le gouvernement américain, ouvertement, et le gouvernement ca-
> nadien, plus discrètement, vont exercer une étroite surveillance sur
> les milieux politiques, économiques et financiers nord-américains
> qui entretiennent aussi bien ici que là-bas avec des institutions
> ou des entreprises arabes des rapports susceptibles de couvrir, à
> l'insu des intéressés, des opérations frappées d'interdiction pour
> des raisons de sécurité.
>
> Il est donc recommandé que le Gouvernement du Québec donne
> instruction à ses ministères et organismes d'interrompre momen-
> tanément les initiatives en cours en vue du resserrement des liens
> de toute nature que nous voulons maintenir avec les institutions
> ou entreprises susmentionnées[7].

Le partisan de l'œcuménisme

Son travail au sein du cabinet André R. Dorais nous en apprend un peu plus sur ses connaissances en droit international. En effet, il rédige, en 2003, un fascicule intitulé *Le Saint-
Siège et l'Ordre souverain de Malte en droit international*[8]. Il s'agit
d'une excellente synthèse qui fait un bref rappel historique du
pouvoir temporel du Saint-Siège et décrit en quoi il consiste
encore aujourd'hui. Patry traite également de la Cité du Vatican avec ses infrastructures et son territoire administratif puis
termine avec les articles de la Convention de 1929 qui déter-

minent l'exercice de sa souveraineté. Il procède à peu près de la même façon avec l'Ordre de Malte, rappelant ses origines et son histoire, décrivant son statut international, l'exercice de ses privilèges et son activité internationale.

Même si les adeptes du catholicisme ont nettement diminué, il ne faut pas sous-estimer l'importance politique du Saint-Siège. Patry nous rappelle avec justesse que le pape est le seul dignitaire religieux sur terre à ne relever d'aucun pouvoir politique et à diriger une institution transnationale universelle dont le poids est bien réel, encore qu'il soit difficile à estimer. « C'est cette indépendance à l'égard de toute autre puissance qui confère au Pape cette souveraineté que lui reconnaissent la majorité des États et des organisations internationales[9]. » Le Saint-Siège est une véritable puissance souveraine qui agit dans le monde avec, entre autres, ses nonces apostoliques, qui sont des ambassadeurs veillant avant tout à la défense des intérêts de l'Église et des fidèles du clergé. Le Saint-Siège possède des missions auprès de l'ONU, de l'Unesco, de l'Organisation mondiale de la santé (OMS), de l'Organisation internationale du travail (OIT), de la FAO, du Conseil de l'Europe et de l'Union européenne. Il participe même à des conférences internationales de caractère politique. Les autres États reconnaissent l'importance internationale du Saint-Siège, puisqu'on y trouve les représentants de 173 États.

Pour ce qui est de l'Ordre de Malte, bien qu'il n'ait pas du tout le même poids que le Saint-Siège, il n'en possède pas moins une personnalité qui relève à la fois du droit canon et du droit international. L'institution est indépendante de l'Italie et du Vatican, a son propre drapeau, émet pour ses agents et quelques protégés de haut rang des passeports dont la validité est reconnue par les États, émet des timbres-poste, bat monnaie, conclut des accords internationaux, reçoit et accrédite des représentants diplomatiques.

Patry cultive, depuis presque toujours, un intérêt pour le Saint-Siège et la religion. Cet intérêt mérite un retour en arrière. On retrace dans son fonds d'archives des rapports sur l'œcuménisme remontant à 1965. On y apprend qu'il fait des démarches pour favoriser le rapprochement de l'Église catholique romaine avec les Églises nées de Byzance ainsi que le dialogue entre le Vatican et l'Islam. Il dira plus tard que la difficulté du dialogue entre chrétiens et musulmans provient souvent des mots eux-mêmes, certains concepts fondamentaux étant rigoureusement intraduisibles.

En décembre 1965, il participe à la Commission diocésaine d'œcuménisme qui s'interroge, à la suite de Vatican II, sur la liberté religieuse et les problèmes de l'Église et du monde moderne. On parle aussi d'établir un centre national catholique d'œcuménisme. On confie à Patry le soin de préparer des rencontres avec le monde orthodoxe et on accepte sa proposition de demander au cardinal Léger, par le biais de la Commission, qu'un représentant des Églises orientales assiste aux réunions. La séance du 10 janvier 1966 qui a lieu chez Patry débute par un exposé de celui-ci sur la pensée religieuse de l'islam et celle du christianisme. Il étudie, à la demande de la Commission, les possibilités d'une réunion paraliturgique des Grecs et des catholiques qui soulignerait la levée mutuelle des excommunications de 1054. Il propose alors un dialogue entre chrétiens sur une base scientifique afin de mieux analyser leurs divergences. Le 15 mars, il devient officiellement membre de la Commission diocésaine avec l'approbation du cardinal Léger.

D'autre part, une lettre adressée à Claude Morin montre bien ses liens avec le Vatican : «[A]gissant d'après les instructions du prince Sadruddin Aga Khan, haut-commissaire général adjoint des Nations-Unies pour les réfugiés, le représentant en Italie de cette organisation […] vient de me prier d'intervenir auprès du S[ain]t-Siège et du gouvernement du Canada en vue de faciliter l'établissement à Rome d'un centre pour les musulmans d'Italie[10]. » Patry communique alors avec le cardinal Eugène Tisserant, doyen du Sacré Collège, qu'il connaît bien, et lui demande s'il serait possible de convertir en mosquée une église désaffectée de Rome. Le prélat lui répondra qu'on ne peut faire pour les musulmans ce qu'on a refusé de faire pour les orthodoxes et les protestants. C'était le 28 octobre 1965 !

Une autre lettre vient confirmer ses relations avec le Saint-Siège[11]. Il s'agit d'une correspondance avec Mgr Audrys Backis. On y apprend que Patry fut reçu antérieurement par cette personnalité du Vatican, lors de son voyage à Rome, et que Backis lui a remis des documents concernant des accords en vigueur avec les Länder allemands. Patry lui fait parvenir des lettres photocopiées relatives à certaines questions intéressant les pays arabes, deux de ses livres et une brochure distribuée gratuitement en Amérique par une secte protestante. Patry y relève une dimension politique qui mérite qu'on s'y arrête. Il fait observer les affinités profondes entre une certaine Amérique et la nation juive. La culture juive imprègne de ses particularités la langue des Américains, de même que leur littérature et leurs arts. «Il en va ainsi de la vie économique et financière et de l'enseignement universitaire.» De plus, fait-il remarquer, le protestantisme américain est biblique. Ainsi, conclut-il, il y a plus qu'une coïncidence d'intérêts communs entre les États-Unis et Israël.

Soulignons, en dernier lieu, qu'il poussait toujours au rapprochement entre chrétiens et musulmans, alors qu'il dirigeait l'Agence du Golfe arabe. On retrouve, dans le fonds d'archives, plusieurs documents concernant le Comité islamo-chrétien et l'un de ses importants colloques, tenu en Europe, auquel il avait été invité.

Patry et la Francophonie

En 1987, Patry agit comme conseiller diplomatique du ministre des Relations internationales, lors du Sommet de la Francophonie tenu à Québec. Il y a peu à dire de ce court moment, Patry reconnaissant lui-même n'avoir rien retiré personnellement de cette expérience comme conseiller diplomatique. «J'ai vu, nous a-t-il dit, une fois de plus, que le Québec ne se donne pas les moyens financiers de ses objectifs.» Pour le Sommet, Patry fait paraître un article dans la revue trimestrielle publiée par l'Association Québec-France, *Neuve-France*[12]. Pour lui, le rapprochement avec la France était, dans les années 1960, un geste politique et il n'a pas cessé d'en être ainsi. Paris est une fenêtre du Québec dans le monde, même si elle n'a que la dimension d'une lucarne, affirme-t-il dans l'article. Il juge alors la coopération satisfaisante, unique à certains égards, car peu de ministres et de fonctionnaires étrangers ont aussi facilement accès aux personnalités politiques françaises que les agents du Québec. Selon lui, les perspectives d'avenir des relations entre les deux États francophones s'inscrivent dans le multilatéralisme, dans les institutions et les entreprises francophones. Il croit que les rapports bilatéraux ont atteint leur plafond. Il fait également remarquer que Brian Mulroney a été l'un des premiers ministres les plus francophiles de l'histoire du Canada. Ce dernier a approuvé les rapports directs entre Paris et Québec et fait de la Francophonie l'une de ses priorités. Lucien Bouchard, ambassadeur dans la Ville Lumière, a assuré le bon fonctionnement des opérations de la Francophonie. Mais Patry déplore que les seuls véritables bailleurs de fonds de la Francophonie demeurent la France et le Canada (c'est toujours le cas aujourd'hui).

Soulignons que, à l'occasion de l'année du Sommet francophone de Québec, comme membre de l'Association Québec-France[13] dont il a été le fondateur, il organise un colloque sur la venue du général de Gaulle en 1967. Paul Gérin-Lajoie et Claude Morin sont alors des personnes-ressources et les principaux intervenants, à la demande de Patry. Pour célébrer cet événement, il est aussi chargé d'accompagner Gilbert Perol, secrétaire général du ministère des Affaires étrangères de France, lors de son passage à Montréal[14].

En 1994, Patry rédige un texte sur les rapports France-Québec[15]. Il y fait remarquer qu'au printemps 1970 Robert Bourassa, qui prend le pouvoir à Québec, indique aussitôt qu'il ne sera pas à la remorque de Paris. «L'un de ses premiers gestes consiste à recevoir en priorité le consul général des États-Unis à Québec et à l'informer qu'il ira à New York dans les meilleurs délais. Paris prend acte. L'année suivante, lorsqu'il se rend en France, Bourassa est accueilli avec moins de pompe que ses prédécesseurs et ne conclut aucune entente avec ses hôtes.»

Ce qui indique que la forme de l'accueil a changé. Peu à peu, les rencontres s'estompent entre les deux gouvernements et la représentation québécoise perd de son rayonnement. La France, nous a fait observer Patry, n'est plus celle de De Gaulle. Comme puissance, elle doit compter désormais sur son alliance avec l'Allemagne pour conserver en Europe son poids traditionnel. Selon lui, à l'étranger, la Francophonie semble vivre ses dernières décennies. L'anarchie et la pauvreté en Afrique et en Haïti, la désaffection des Indochinois à l'égard du français, le déclin du français en Roumanie, en

Bulgarie, en Égypte et en Moldavie font que l'organisation très précaire et artificielle de la Francophonie ne repose que sur deux pays d'importance inégale, lesquels élargissent leur horizon et regardent vers d'autres univers. Patry fait remarquer que la nouvelle génération québécoise ne voit plus la France comme la génération précédente et qu'elle est plutôt attirée sur le plan culturel par l'Afrique et surtout l'Amérique latine. Alors que l'Amérique latine bénéficiait dans les années 1940 d'une attention particulière, on assiste à un renouveau de cet intérêt avec l'importance de l'immigration ibéro-américaine au Québec. Patry rappelle que c'est avec le Brésil que le Canada a conclu le premier accord culturel de son histoire (mai 1944). Il propose de définir de nouveaux champs d'action franco-québécois pour arriver à une œuvre utile et réaliste[16].

Une dernière proposition

À 81 ans, Patry est évidemment à la retraite, bien qu'il prenne l'initiative de conseiller sporadiquement des membres du gouvernement et que ses conseils soient parfois requis par le cabinet d'André R. Dorais. Sa dernière proposition est d'étendre la doctrine Gérin-Lajoie au Nouveau-Brunswick. Le 9 juin 2004, il a suggéré au ministre Benoît Pelletier « qu'une entente tripartite de coopération culturelle soit conclue entre la France, le Nouveau-Brunswick et le Québec[17] ».

Cette proposition semble refléter l'esprit du temps. Sans tambour ni trompette, le 24 juin 2004, le gouvernement du Nouveau-Brunswick a annoncé la signature d'un protocole d'entente avec le département du Nord, une région française. Il s'agit d'une entente de cinq ans pour favoriser les échanges dans de multiples secteurs d'activité. « Les deux dirigeants ont officiellement engagé leur gouvernement respectif à collaborer d'une façon étroite dans les domaines de la culture, du tourisme, du patrimoine, de l'action économique et sociale, ainsi que des nouvelles technologies au service des populations[18]. » Cette entente viendrait confirmer l'intention du Nouveau-Brunswick de développer une plus grande coopération sur la scène internationale telle que l'annonce le plan stratégique *Prospérer à l'heure de la mondialisation : la stratégie internationale du Nouveau-Brunswick*, formulé en 2003. « Nous avons beaucoup d'affinités avec cette région et nous comptons bien nous prévaloir de ce protocole pour augmenter notre présence et nos échanges avec cette partie de la France et de l'Europe», a expliqué le premier ministre Bernard Lord. Il est clair que cette entente où le gouvernement fédéral ne semble pas avoir été impliqué est un exemple du prolongement international des compétences internes d'une province canadienne.

Conclusion

André Patry est incontestablement un pionnier des relations internationales du Québec. Dès son adolescence, il manifeste un intérêt pour la politique internationale qu'il mettra en pratique bien avant de pénétrer dans les coulisses du pouvoir politique québécois. À partir de 1961, il indique l'attitude à adopter et renseigne les hommes politiques sur certaines réalités des pays étrangers. Il propose des actions et des changements à apporter pour édifier un Québec souverain dans ses domaines de compétence. Il dépose de nombreux mémoires, rapports, notes, commentaires, etc., à l'adresse des responsables. Les ministres le sollicitent pour établir les contacts avec des personnalités de pays étrangers, afin d'instaurer des échanges politiques et économiques, de coopération scientifique et culturelle. Il est le père de la théorie du prolongement international des compétences internes. Celle-ci sera non seulement adoptée par le gouvernement du Québec, mais servira aussi de modèle à d'autres États fédérés. Il est également celui qui a établi les premières règles protocolaires au Québec et les bases juridiques et historiques des relations extérieures du gouvernement du Québec. Bref, il demeure un personnage clé dans l'apparition de véritables relations internationales au Québec.

Patry est également un grand intellectuel, un expert du monde arabe, un polyglotte, un professeur et un universitaire, un être d'une grande culture qui a le goût des arts et des lettres, un journaliste et un auteur. Nous avons vu que, par sa propre volonté et son audace, cet homme est devenu un diplomate, un conseiller de plusieurs hommes d'État, un haut fonctionnaire aux idées riches et aux initiatives avant-gardistes, une référence incontournable pour tout ce qui touche aux relations internationales. Comme l'a souligné André Beaulieu, des Archives nationales du Québec, Patry «a été un artisan discret mais efficace de la Révolution tranquille[1]». Pendant cette riche période, Patry, bien que «plus souvent dans les coulisses que sur scène», est un homme d'action qui jamais ne s'essouffle, multipliant les notes aux hommes politiques au pouvoir afin de leur indiquer l'attitude à prendre, rédigeant de nombreux essais théoriques sur des points de droit constitutionnel et international et apportant maints conseils et suggestions aux ministres et même aux premiers ministres.

Depuis sa jeunesse, cet esthète est mû «par un authentique besoin de se projeter, avec sa société, dans le monde[2]». Comme l'a affirmé André Beaulieu, Patry a participé à la conception et à la planification de ce que deviendra le Québec dans le concert des peuples et des nations. On le reconnaît comme un nationaliste qui lutta pour un Québec souverain dans les domaines de sa compétence. Durant les années 1960, «Patry est engagé à fond dans l'effort d'affirmation internationale du Québec et ses tendances souverainistes ne sont un secret pour personne[3]».

Le lecteur a sûrement constaté la polyvalence d'un homme qui ne saurait concevoir qu'on pratique pendant trente ans le même métier. «Son parcours se constitue de nombreuses petites tranches de deux ans axées sur des mandats précis, circonscrits, et par ailleurs presque toutes traversées par une même préoccupation, les relations internationales du Québec[4].»

Notes

Notes de l'introduction

1. Claude Morin, « L'émergence internationale du Québec », in Yves Martin et Denis Turcotte (dir.), *Le Québec dans le monde : textes et documents*, Sainte-Foy, Le Québec dans le monde, 1990, p. 3.

2. Jean Décary, « Claude Morin et les relations internationales du Québec (1963-1980) », mémoire de maîtrise en histoire, Montréal, Université du Québec à Montréal (UQAM), 2002, p. 2.

3. Jean Décary en énumère d'autres, dont Claude Morin, sous-ministre des Affaires fédérales-provinciales et conseiller de Jean Lesage, Arthur Tremblay, architecte principal des réformes en éducation, et Jacques Parizeau, conseiller financier et économique.

4. Claude Morin, *loc. cit.*, p. 4.

5. Entrevue avec Antoine Robitaille, « André Patry : l'internationaliste de la Révolution tranquille », *Le Devoir*, 6 octobre 1997, p. B1.

6. Patry connaît personnellement André Malraux. Nous y reviendrons. Il maintient aussi une relation d'amitié avec Hubert Aquin qui mérite qu'on s'y arrête un peu. Voici un extrait d'une lettre de ce dernier : « Ta personne entière est un défi à l'inaction, l'indécision et toutes les maladies de même nature qui rongent la jeunesse. Notre rencontre ici, à Paris, m'a secoué, remué, dérangé ; ta lettre m'a poussé à bout et si j'ai retardé si longtemps avant d'y répondre, c'est qu'elle exige non pas une simple réponse, mais une riposte ! La voici : je serai à Québec le 10 mai et pour de bon [...]. Tu n'ignores pas la part que tu as prise dans cette résolution. [...] elle tient principalement à tes conseils et, si je puis dire, à ton exemple. Mon cher André, cette lettre n'est qu'un mot pour te prévenir d'une décision que tu approuveras sûrement – et d'autant plus qu'elle correspond, chez moi, à une transformation dont tu es en quelque sorte le catalyseur. » Aquin qui n'arrivait pas à se fixer se fait convaincre par Patry d'occuper un poste aux affaires publiques à Radio-Canada où il sera d'ailleurs remplacé par son ami, un peu plus tard. Lettre d'Hubert Aquin à André Patry, Paris, 8 avril 1954, Archives nationales du Québec (ANQ), P422, S1.

7. L'existence de ce journal qui se voulait un concurrent de *La Presse* fut de courte durée.

8. «[...] Un mot pour t'avouer mon admiration et t'offrir mes félicitations [...] éclairage documenté et intelligent sur une situation très complexe (la guerre du Golfe).» Paul Lussier, 13 février 1991.

   «Vos articles sur le Golfe sont les seuls traits d'intelligence dans la confusion de l'opinion publique [...]». Pierre Mollet, 29 janvier 1991.

   «L'article sur la Roumanie est admirable de vérité, de style et de philosophie de l'histoire pertinente, écrit dans un français de haute allure [...]». Louis Dussault, 9 janvier 1991.

   «Je vous reconnais comme un des grands internationalistes québécois [...]». Michel Gaudette, 22 janvier 1991.

   «Un petit mot pour vous dire que j'aime beaucoup vos chroniques. Elles sont bien documentées, claires, instructives. C'est un régal [...].» Jacques Fournier, 15 mars 1991.

9. Il ne faut pas sous-estimer l'importance de l'apparition de la télévision comme facteur décisif de l'entrée du Québec dans la modernité. Par ses émissions sur la sociologie, la littérature, la politique internationale, Radio-Canada contribue à l'ouverture du Québec sur le monde et amène les gens à penser par eux-mêmes, et ce, plusieurs années avant l'arrivée des libéraux de Lesage qui viendront bouleverser le paysage politique québécois.

10. Concernant *Matière, vie et psychisme*, le père François Russo, directeur de la revue *Études*, dont la formation scientifique est notoire, écrit dans une lettre datée du 16 mars 1976: «Votre ouvrage m'a paru vraiment d'une très grande qualité. Ce que j'ai apprécié surtout c'est la sûreté et la sobriété de votre exposé. Cet ouvrage est vraiment un modèle et je pense que des non-spécialistes trouveront là peut-être une des meilleures expositions qui soit des notions des conceptions essentielles que l'on doit avoir si on veut réfléchir sur les problèmes de la matière, de la vie et du psychisme.»

11. Le livre *Ces pierres qui me parlent* fait l'objet d'une critique dans *Le Devoir*: «Accompagné en arrière-plan du spectre des collines montérégiennes, on passe des couleurs aux formes multiples qui s'unissent dans ces mystères de la vie minuscule. Avec comme guide les leçons de Francis Ponge, chaque fragment ponctue une histoire, un voyage ou tout simplement la beauté pure de l'objet. Chaque morceau étale un passé qui accompagne la genèse de la pierre, ainsi que la précision de son attrait. Sans toutefois se perdre dans la nostalgie, il y a une rigueur presque scientifique dans cette façon d'observer chacun des échantillons. Comme quoi ce petit livre n'impose qu'un geste ainsi qu'une contemplation méditative.» David Cantin, «Ces pierres qui me parlent», *Le Devoir*, 12 septembre 1999.

12. André Beaulieu, «Le Fonds André Patry: source de l'histoire des relations internationales du Québec (2)», *Bulletin d'histoire politique*, vol. 4, n° 3, p. 84.

13. Commission royale d'enquête provinciale sur les problèmes liés à la Constitution. Elle préconise un renforcement des pouvoirs du Québec.

14. Cette biographie est soutenue financièrement par la Chaire Hector-Fabre d'histoire du Québec de l'UQAM qui a un volet important consacré à l'étude des relations internationales du Québec.
15. André Beaulieu, *loc. cit.*, p. 84.
16. Lettre de Claude Morin à André Patry, 11 mars 2001.

Notes du chapitre premier

1. Note personnelle d'André Patry transmise à l'auteur, 19 juin 2004.
2. La liste des invités a été publiée dans le quotidien *Le Soleil* du 16 novembre 1944.
3. Entrevue avec Antoine Robitaille, « André Patry : l'internationaliste de la Révolution tranquille », *Le Devoir*, 6 octobre 1997, p. B1.
4. *Ibid.*
5. Son amour pour la culture italienne l'amène à apprendre l'italien. Patry est évidemment atteint par l'éclat du fascisme italien, non pas en tant qu'idéologie, mais en tant que facteur de rayonnement de la culture italienne. Au lendemain de la guerre, il écrit quelques textes dans cette langue, à titre de collaborateur de la revue *Politica Estera*, de Rome.
6. André Patry, *Le Québec dans le monde*, Montréal, Leméac, 1980, p. 52.
7. Patry entretiendra avec cet historien et diplomate des rapports très amicaux jusqu'à son départ définitif pour Nice où il finira ses jours.
8. Lettre de René Ristelhueber à André Patry, 17 novembre 1944, ANQ, P422, S1.
9. Entrevue avec Antoine Robitaille, *loc. cit.*
10. Le premier article d'André Patry paraît en mai 1940 (il n'avait que 16 ans) dans le quotidien *Le Soleil* et porte sur Budapest. Dans *L'Action catholique*, son second article dresse un portrait historique du Japon contemporain et explique la politique de ce dernier envers la Chine. Voir « De Jimmu à Hiro-Hito... », *L'Action catholique*, 29 juillet 1940.
11. Note personnelle d'André Patry transmise à l'auteur, 4 octobre 2004.
12. Au cours du XIXe siècle, le Saint-Siège se fait grignoter plusieurs territoires par le roi Victor-Emmanuel et, le 20 septembre 1870, les armées italiennes incorporent Rome au royaume d'Italie. Pendant un demi-siècle, le Pape se considère prisonnier du Vatican. Le 11 février 1929, Mussolini signe avec le Saint-Siège des accords politiques, financiers et religieux qui précisent les rapports entre l'Italie et le Saint-Siège, en plus de concéder à ce dernier un territoire, la Cité du Vatican, où il pourra exercer sa souveraineté temporelle. Pour de plus amples détails, voir André Patry, *Le Saint-Siège et l'Ordre souverain de Malte en droit international*, Montréal, André R. Dorais, 2003.
13. Jean-Louis Gagnon, *Les apostasies*, tome I : *Les coqs du village*, Montréal, La Presse, 1985, p. 127.
14. *Ibid.*

15. Paul Bouchard, dissident des libéraux de Taschereau, parlait d'ailleurs très bien espagnol. Au déclenchement de la guerre, il quitte le Canada et se réfugie au Mexique. À son retour au pays, au lendemain des hostilités, il sera affecté par Maurice Duplessis à la propagande à l'intérieur de l'Union nationale, qu'il avait pourtant combattue avant la guerre de 1939 dans son journal *La Nation*. Selon Patry, Bouchard aurait même demandé vers 1960 à être nommé ambassadeur du Canada au Guatemala !

16. Voir « Le cas de l'Espagne », *L'Action catholique*, 6 août 1941, et « De Jimmu à Hiro-Hito… », *loc. cit.*

17. Lettre d'Akira Matsui à André Patry, 30 janvier 1941, ANQ, P422, S1.

18. Dans cet article intitulé « Alerte », Patry déplore l'inefficacité des discours vociférants ou les mouvements de troupes qu'il juge inutiles. Il suggère plutôt la voie diplomatique comme arme contre la menace japonaise. Pour mieux faire comprendre l'attitude du Japon, il dresse un portrait historique du pays et de la région, depuis un siècle. Il remet en perspective la responsabilité occidentale en soulignant qu'au lieu d'avoir apporté la civilisation chrétienne, l'Occident a préféré vendre de l'opium et des armes et a entraîné le Japon dans sa politique guerrière. Pour éviter une guerre anglo-japonaise, il propose la voie diplomatique dans laquelle le Canada et l'Australie pourraient jouer un rôle, étant donné leurs rapports amicaux avec le Japon. Il fait aussi part de sa crainte de voir les Blancs chassés de l'Asie à l'occasion d'un conflit armé avec les Jaunes.

19. Lettre de Georges Depasta à André Patry, 1er septembre 1942, ANQ, P422, S1.

20. Lettre de Feodor Gousev à André Patry, 19 octobre 1942, ANQ, P422, S1.

21. Lettre d'Adam Zurowski à André Patry, 4 mai 1943, ANQ, P422, S1.

22. En avril 1943, la radio allemande annonça au monde entier le massacre de milliers d'officiers polonais dans la forêt de Katyn par les soldats de l'Armée rouge. À l'époque, on attribua la responsabilité de ce crime aux Allemands. Il s'est avéré depuis que ce sont bien les troupes soviétiques qui massacrèrent ces officiers. La lettre de Zurowski soutient cette thèse.

23. André Patry, *Le Québec dans le monde, op. cit.*, p. 21.

24. D'ailleurs, peu avant ce voyage, Patry, en tant que directeur du Service d'information interaméricain, sollicite une rencontre avec Batista, le président en exil de Cuba, en visite à Québec, après avoir été chassé du pouvoir par San Martin. L'entretien, qui a lieu au château Frontenac, dure environ une heure. Patry est impressionné par la cruauté qu'il perçoit dans les yeux de ce dictateur qui reprendra le pouvoir en 1952 avec le soutien américain.

25. Cette rencontre est relatée dans André Patry, *Souvenirs recomposés (impressions esthétiques, 1935-1955)*, Montréal, Informinter, 1997. Grousset est un académicien, auteur de plusieurs ouvrages, dont un *Bilan de*

l'Histoire, paru en 1946. Il est considéré comme l'un des grands spécialistes français de la civilisation chinoise. Lors de son passage à Québec, il annonce à Patry qu'il est venu au Canada pour visiter le musée de Toronto. Patry apprend alors que ce dernier possède l'une des collections d'art chinois les plus importantes au monde et que peu de musées, hors de Chine, renferment autant d'objets de la période Tang (618-907).

26. Il est à noter que Patry a fait son mémoire de maîtrise en sciences sociales sur les relations économiques entre le Canada et Haïti.

27. Il reçoit d'ailleurs des félicitations pour sa nomination de la part du consul d'Argentine à Québec, dans une lettre datée du 16 décembre 1946, ANQ, P422, S1.

28. Le parti du dictateur Trujillo joue un rôle décisif dans le quadrillage de la population au nom d'une identité dominicaine qui rejette ses racines africaines. Cette «dominicanisation» xénophobe provoque en 1937 le massacre de milliers de travailleurs haïtiens, une tuerie raciste dont les séquelles ne sont toujours pas effacées.

29. Tout comme Churchill le reconnaîtra après la guerre, Patry soutient que la neutralité espagnole a l'avantage d'éviter le combat sur un autre front.

30. André Patry, *Le Québec dans le monde, op. cit.,* p. 17.

31. André Patry, *Souvenirs recomposés…, op. cit.,* p. 55.

32. André Patry, *Le Québec dans le monde, op. cit.,* p. 17.

33. *Ibid.,* p. 27.

34. Voir André Patry, «Notes sur la 1ère conférence de la FAO», 5 octobre 1995, ANQ, P422, S4. Ce sous-chapitre concernant la conférence reprend les propos de Patry.

35. Note personnelle transmise à l'auteur, 19 juin 2004. On retrouve la même observation à propos des Iraquiens plus de soixante ans plus tard. Selon Anthony Shadid, gagnant du Pulitzer, «*Iraqis are the most American of Arabs-forthright, confrontational, very resilient, with a can-do attitude*». Voir Barbara Bedway, «*His Iraq pull-out only temporary*», *Editor & Publisher,* juin 2004, p. 13.

36. On pense à l'Union culturelle Mexique-Canada français, devenue par la suite l'Union des Latins d'Amérique. Elle fut fondée par les frères O'Leary en 1939. Les deux frères, Dostaler et Walter-Patrice, fondèrent aussi les Jeunesses patriotes du Canada français en 1935. Soulignons que le premier fut candidat défait du Bloc populaire aux élections fédérales en 1945 et le second, candidat défait du Rassemblement pour l'indépendance nationale (RIN) en 1966.

37. On peut parler en fait de «réfugiés», mais l'expression n'était pas encore courante à l'époque.

38. À propos de cet Ordre, voir André Patry, *Le Saint-Siège et l'Ordre souverain de Malte…, op. cit.*

39. Le hongrois est une langue finno-ougrienne, d'origine asiatique.

40. André Patry, *Le pétrole et le Moyen-Orient arabe,* Québec, Presses de l'Université Laval, 1956.

41. André Patry, *Le régime des cours d'eau internationaux*, Québec, Presses de l'Université Laval, 1960.

42. Voir André Patry, *Regards sur André Malraux*, Montréal, Comeau & Nadeau, 1996 (première édition : Montréal, l'Hexagone, 1956).

43. *Ibid.*, p. 16.

44. Propos recueillis par Jean-Marc Léger, « Alors que Nasser continue d'attirer et d'inquiéter, les élites des pays arabes aspirent en majorité à l'unité mais ne sont pas d'accord sur le chemin à prendre », *Le Devoir*, 25 juillet 1963.

45. Patry découvre la Roumanie à l'âge de 18 ans, alors qu'il est secrétaire de la Société de géographie du Québec et qu'il reçoit des revues provenant de ce pays pour son travail. Il s'aperçoit qu'il peut lire des pages en langue roumaine. Il entreprendra de l'apprendre avec l'aide de livres. C'est sa connaissance de la langue et de la culture roumaines qui l'amène à analyser la politique de la Roumanie pour le compte de l'OTAN.

46. Voir André Patry, « Des premiers contacts avec l'Occident à l'instauration du régime communiste », *Le Devoir*, 20 décembre 1958 et « Révolution à l'intérieur et tentative d'hégémonie : double objectif de Pékin », *Le Devoir*, 22 décembre 1958. Un peu plus tard, en 1964, il se félicitera de la décision de la France de reconnaître le régime de Pékin, « l'une des initiatives les plus sages prises par le gouvernement français en faveur non seulement de la paix universelle mais aussi du maintien de la présence occidentale en Extrême-Orient ». Il note aussi que la politique américaine dans cette région s'achemine vers un échec cuisant et qu'il serait ridicule de penser à contenir la Chine par les armes, « d'autant plus que les guérilleros d'Indochine ont amplement démontré qu'aucun succès analogue à celui des Philippines et de la Malaisie ne pouvait être escompté au Viêt-Nam ». Une prédiction de la défaite prochaine des États-Unis au Viêt-Nam ? Il ajoute que « Washington n'a jamais été capable de régler le problème indochinois parce que dans l'optique avant tout militaire où se situent les solutions américaines il n'y a pas de place pour la neutralisation régionale ». Il conclut en soulignant que les millions d'Indochinois « n'aspirent qu'à vivre dans la paix et ne sont nullement intéressés à faire les frais de la rivalité politique entre les grandes puissances ». Voir « La reconnaissance de Pékin ou la diplomatie du dialogue », *Le Devoir*, 29 janvier 1964.

47. André Patry, « Le poids de Cuba », *Le Nouveau Journal*, 7 septembre 1961.

48. André Patry, *Regards sur André Malraux*, *op. cit.*, p. 15.

49. C'est ce que révèle la correspondance entre André Patry et Saint-Mleux, directeur de cabinet du secrétaire général de l'OTAN. Voir lettres de Saint-Mleux à André Patry, datées du 1er et du 11 décembre 1958 (cette dernière manuscrite) et du 25 mai 1959, ANQ, P422, S4.

50. Patry se permet même de refuser des postes de haut rang. Une lettre datée du 5 juin 1959 trouvée dans son fonds d'archives nous apprend qu'il est sollicité par le président du Sénat pour remplir les fonctions

de secrétaire francophone de Diefenbaker. Il décline cette offre. En 1961, Noël Dorion, secrétaire d'État du Canada et ami de Patry, lui propose cette fois le poste de sous-secrétaire d'État du Canada. Patry refuse de nouveau, jugeant ne pas être suffisamment qualifié pour cette fonction de nature exclusivement administrative. En fait, Patry était aussi trop attaché au français pour se retrouver dans un milieu où l'anglais était la seule véritable langue de travail.

51. Note personnelle d'André Patry transmise à l'auteur, 19 juin 2004.
52. Ce rapport sera finalement utilisé par Jean Lesage qui le déposera à une conférence fédérale-provinciale sur la fiscalité, peu après son élection en 1960. Il déclare alors vouloir s'en inspirer pour certaines réclamations à venir, dont celles concernant le partage de l'assiette fiscale.
53. Note personnelle d'André Patry transmise à l'auteur, 19 juin 2004.

Notes du chapitre II

1. André Patry, « Des silences et des mots », *Le Devoir*, 16 février 1998.
2. Lettre d'André Patry à Claude Ryan, 30 janvier 1978, ANQ, P422, S1.
3. André Patry, « En attendant le référendum », *Le Devoir*, 22 décembre 1976.
4. Rappelons que le Parti Québécois au pouvoir prépare alors le référendum sur la souveraineté-association du Québec.
5. Voir André Patry, « Une occasion à ne pas rater », *Le Nouveau Journal*, 25 octobre 1961.
6. Voir André Patry, « Le Québec et la constitution », *Le Nouveau Journal*, 28 mars 1962.
7. Voir *ibid.*
8. André Patry, « Une occasion à ne pas rater », *loc. cit.*
9. Jean Décary, « Claude Morin et les relations internationales du Québec (1963-1980) », mémoire en histoire, Montréal, UQAM, 2002, p. 78.
10. *Ibid.*, p. 84.
11. *Ibid.*, p. 118.
12. Voir André Patry, « Une nouvelle association », *Le Devoir*, 9 décembre 1976.
13. Jean-Pierre Bonhomme, « La république manquée », *L'Action nationale*, mai 1998. Disponible sur le web : <www.action-nationale.qc.ca/independance/bonhommemanquee. html>.
14. *Ibid.*
15. *Ibid.*
16. André Patry, « Une constitution illégitime », *Le Devoir*, 13 février 1998.
17. Dans une thèse devenue classique, Louis Le Fur a précisé que « la souveraineté est la qualité de l'État de n'être obligé ou déterminé que par sa propre volonté dans les limites du principe supérieur du droit et conformément au but collectif qu'il est appelé à réaliser ». Louis Le Fur, *État fédéral et Confédération d'États*, Paris, 1896, p. 443.
18. Beaucoup de gens sont impressionnés par les connaissances pointues de Patry, en ce qui concerne la situation politique, sociale, économique

et géographique de nombreux pays, de même que leur histoire respective. Nos entretiens avec lui nous ont aussi montré non seulement qu'il est très bien informé, mais qu'il jouit en plus d'une mémoire exceptionnelle.

19. André Patry, « Une question irrecevable », *Le Devoir*, 14 février 1998.
20. André Patry, « La reconnaissance des États et le cas du Québec », vol. 1, Bureau de coordination des études, Commission d'étude des questions afférentes à l'accession du Québec à la souveraineté, p. 611-620. Document disponible sur le web : <www.saic.gouv.qc.ca/publications/documents_inst_const/18-AndrePatry.pdf>.
21. Patry a également travaillé sur la question autochtone. Sa définition des communautés autochtones est celle du rapporteur de la sous-commission de la lutte contre les mesures discriminatoires et la protection des minorités, José Martinez Cobo : « celles qui procèdent d'une continuité historique avec les sociétés qui existaient avant les invasions et l'ère coloniale et qui se considèrent elles-mêmes distinctes des autres secteurs des sociétés qui prévalent maintenant sur ces territoires ».
22. André Patry, « La reconnaissance des États et le cas du Québec », *op. cit.*, p. 620.
23. Voir André Patry, *L'accession à la souveraineté et la règle de l'*uti possidetis, Montréal, André R. Dorais, 2003.
24. *Ibid.*, p. 17.
25. *Ibid.*
26. Par l'expression « en périphérie » on entend les régions se situant dans les extrêmes nord, sud, est ou ouest de l'État national. Notons que cette observation de Patry à propos des mouvements sécessionnistes ne s'applique évidemment pas aux anciennes républiques soviétiques dont l'obtention de leur pleine souveraineté découle de l'effondrement de l'URSS. Par ailleurs, les républiques soviétiques avaient constitutionnellement et théoriquement le droit à l'autodétermination. L'écroulement de l'Union soviétique n'est venu que rendre effectif ce droit constitutionnel qui s'est largement appliqué sans mouvements de troupes et sans bain de sang. Mais, devenues indépendantes, certaines de ces républiques font maintenant face à des mouvements sécessionnistes à l'intérieur de leurs frontières.

Notes du chapitre III

1. À ce sujet, on peut consulter Richard Aubin, *40 ans de relations directes et privilégiées entre le Québec et la France*, Paris, Service de la communication et des affaires publiques, Délégation générale du Québec, 2001 et Louise Beaudoin, « Les relations France-Québec : deux époques, 1855-1910, 1960-1972 », mémoire en histoire, Québec, Université Laval, 1974, 196 p.
2. Patry entend par là les droits de propriété, le droit de faire le commerce, le droit d'exercer certaines activités professionnelles, le droit d'adopter une législation sociale, etc.

3. André Patry, «Les relations internationales du Québec», étude remise aux membres du Comité constitutionnel de l'opposition parlementaire à l'Assemblée nationale, 6 décembre 1999, ANQ, P422, S2.

4. Il est intéressant de constater que cette observation demeure sensiblement aussi vraie quarante ans plus tard, alors que la mondialisation est à l'ordre du jour. La théorie du prolongement international des compétences législatives du Québec devient une réelle nécessité, alors que le Québec, et aussi d'autres nations, tentent de protéger leur langue et leur culture devant la machine américaine et anglo-saxonne qui profite de la «globalisation» pour imposer ses produits culturels. On pourrait en dire autant de l'éducation et de la santé, domaines prioritaires menacés par la privatisation qui découle, entre autres, des accords de libre-échange. Pour assumer véritablement ses compétences internes, le Québec doit, par contre, se mesurer plus souvent qu'autrement, semble-t-il, à un gouvernement fédéral qui cherche à imposer son autorité dans des champs de compétence provinciale jugés rentables pour son image, étant donné la priorité que leur accorde la population.

5. André Patry, «Les relations internationales du Québec», *Le Nouveau Journal*, 22 novembre 1961.

6. Pour plus de détails concernant cette question, voir André Patry, «La notion de souveraineté», *Critère*, n° 28, printemps 1980. Aussi disponible sur le web: <http://agora.qc.ca/reftext.nsf/Documents/Souverainete--La_notion_de_souverainete_par_Andre_Patry>.

7. Projet de Livre blanc sur la compétence internationale, ANQ, P422, S2, 1968.

8. Voir Lettre d'André Patry à Jean Lesage, 25 octobre 1961, ANQ, P422, S2-1.

9. Voir le chapitre premier pour de plus amples détails.

10. Voir Sylvain Guilmain, «Le rôle de Georges-Émile Lapalme et André Patry dans la mise en place d'une politique des relations internationales du Québec de 1960 à 1968», mémoire de maîtrise en histoire, Montréal, UQAM, 1999.

11. À propos du titre à donner au document, Patry soutient fermement Claude Morin dans son choix du vocable «accord». Mais le gouvernement opte finalement pour le terme «entente», moins précis en droit international, afin de ne pas heurter les fonctionnaires fédéraux, jaloux de leur chasse gardée. En effet, nous a expliqué Stéphane Paquin, «les représentants du Québec avaient proposé le mot "accord" ce qui déclencha à Ottawa de vives protestations. Les mots "convention" ou "déclaration conjointe" ne satisfaisaient pas non plus les fédéraux. C'est le fonctionnaire fédéral Ghislain Hardy, alors au Conseil privé, qui suggéra l'utilisation du mot "entente". Ce mot qui n'était pas utilisé en relations internationales va être accepté par les fédéraux. Cependant dans leurs déclarations et discours les politiciens français et québécois vont utiliser comme synonyme les mots "entente" et "accord"».

12. Lettre d'André Patry à Jean Lesage, 1er mars 1965, ANQ, P422, S1. Aussi citée par Sylvain Guilmain, *op. cit.*, p. 96.

13. Voir Lettre de Jean Lesage à André Patry, 1er mars 1965, ANQ, P422, S1.
14. Il avait lui-même proposé cette idée de comité dans un article. Voir André Patry, «Une occasion à ne pas rater», *Le Nouveau Journal*, 25 octobre 1961. Nous en parlons au chapitre III.
15. <http://www.assnat.qc.ca/fra/patrimoine/chronologie/chrono3.html>.
16. Sylvain Guilmain, *op. cit.*, p. 94.
17. André Patry, «La capacité internationale des États fédérés», Montréal, Université de Montréal, Institut de recherche en droit public, 1964, p. 66. Extrait aussi cité par Sylvain Guilmain, *op. cit.*, p. 94-95. L'étude complète de Patry pour le Comité sur la Constitution sera rendue publique en 1967. Voir Jacques Brossard, Élisabeth Weiser et André Patry, *Les pouvoirs extérieurs du Québec*, Montréal, Presses de l'Université de Montréal, 1967.
18. Paul Gérin-Lajoie, *Combats d'un révolutionnaire tranquille*, Montréal, CEC, 1989, p. 325.
19. Dale C. Thomson, *Jean Lesage et la Révolution tranquille*, Montréal, Éditions du Trécarré, 1984, p. 540. Notons que l'initiative de Patry d'aller en mission à Washington a été endossée par le gouvernement du Québec. D'ailleurs, beaucoup de ses actions se caractérisent de cette façon, c'est-à-dire qu'il prend l'initiative de donner un conseil, de faire une proposition ou de faire un geste concret dans l'intérêt du gouvernement, tout en s'assurant l'accord de ce dernier.
20. Jean-François Lisée, *Dans l'œil de l'aigle. Washington face au Québec*, Montréal, Boréal, 1990, p. 64.
21. André Patry, «La politique américaine du Québec», *Le Devoir*, 14 décembre 1976.
22. Jean-François Lisée, *op. cit.*
23. *Ibid.*
24. Plus tard, Patry se félicitera de la multiplication des contacts officiels avec les États-Unis et de l'ouverture de plusieurs délégations. Cependant, il souhaite que le gouvernement du Québec accorde «à ces agences les moyens de dépasser leur rôle économique afin qu'elles deviennent les porte-parole permanents dans tous les milieux américains de ce peuple voisin qui poursuit l'affirmation de sa personnalité séculaire». Il souhaite toujours «une campagne d'information, à la fois discrète et efficace, sur la réalité québécoise [...]». Voir André Patry, «La politique américaine», *loc. cit.*
25. André Patry, *Le Québec dans le monde*, Montréal, Leméac, 1980, p. 122.
26. Paul Gérin-Lajoie, *op. cit.*, p. 325.
27. Claude Morin, *L'art de l'impossible. La diplomatie québécoise depuis 1960*, Montréal, Boréal, 1987, p. 29.
28. André Patry, *Le Québec dans le monde, op. cit.*, p. 81.
29. Le passage souligné par nous correspond à celui ajouté par Gérin-Lajoie au texte remis par Patry. On retrouve le discours complet dans le fonds d'archives de Patry aux Archives nationales du Québec, mais aussi dans Yves Martin et Denis Turcotte (dir.), *Le Québec dans le monde : textes et documents*, Sainte-Foy, Le Québec dans le monde, 1990, p. 101-106.

30. Claude Morin, *Mes premiers ministres: Lesage, Johnson, Bertrand, Bourassa et Lévesque*, Montréal, Boréal, 1991, p. 195.

31. Anonyme, *Le Devoir*, 20 avril 1965.

32. Paul Martin, *Fédéralisme et relations internationales*, Ottawa, Imprimeur de la Reine, 1968. Anecdote amusante, le ministre Paul Martin donnait justement une conférence en même temps que Paul Gérin-Lajoie dans une salle adjacente.

33. Lettre d'André Patry à Lester B. Pearson, 12 mars 1968, ANQ, P422, S2-1.

34. *Ibid.*

35. André Patry, *Le Québec dans le monde, op. cit.*, p. 130-131.

36. À propos des tentatives du Québec, ponctuées de succès et d'échecs relatifs, de se donner une personnalité internationale dans le cadre fédératif, voir l'incontournable ouvrage de Claude Morin, *L'art de l'impossible, op. cit.*

37. Gouvernement du Québec, *Le Québec et l'interdépendance: le monde pour horizon*, Québec, ministère des Affaires internationales, 1991, p. 188.

38. Pour en savoir plus, voir Stéphane Paquin, «Les relations internationales du Québec et l'unité nationale: le prolongement international des conflits internes?», *Bulletin d'histoire politique*, vol. 10, n° 1, automne 2001, p. 85-98.

39. <www.premier.gouv.qc.ca/general/discours/2004/fevrier/dis20040225.htm>.

40. Voir le site <www.gouv.qc.ca/Vision/DansLeMonde_fr.html>.

41. Ces délégations générales sont Bruxelles, Londres, Mexico, New York, Paris et Tokyo.

42. Boston, Chicago, Buenos Aires et Los Angeles.

43. Voir le *Rapport annuel de gestion 2002-2003* du ministère des Relations internationales du Québec, p. 103. Le nombre d'employés a sensiblement augmenté ces dernières années, puisque au début des années 1990 le Québec comptait «à l'étranger près de 350 fonctionnaires et employés de soutien». Voir André Patry, *La représentation du Québec à l'étranger*, Montréal, André R. Dorais, 2003.

44. Stéphane Paquin, «Les provinces et les relations internationales. L'inévitable diplomatie à paliers multiples», *Le Devoir*, 24 février 2004, p. A7.

45. Stéphane Paquin, «Relations fédérales-provinciales et politique étrangère des États fédérés», *Le Devoir*, 14 mai 2001, p. A6. Paquin souligne dans cet article que la Belgique a procédé à une révision constitutionnelle qui permet «aux Communautés et aux Régions de devenir de véritables acteurs internationaux ce qui inclut le pouvoir de signer des traités avec des États souverains».

46. Le ministre du MAFP est le premier ministre. Étant donné ses nombreuses autres tâches, il délègue la responsabilité de ce ministère à son sous-ministre, Claude Morin. Voir Jean Décary, «Claude Morin et les relations internationales du Québec (1963-1980)», mémoire de maîtrise en histoire, Montréal, UQAM, 2002, 199 p.

47. André Patry, mémoire daté du 9 décembre 1961, ANQ, P422, S2.

48. Lettre d'André Patry à Jean Lesage, 9 décembre 1961, ANQ, P422, S2. On retrouve cette citation dans le mémoire de Sylvain Guilmain, *op. cit.*, p. 98-99.

49. Lettre confidentielle d'André Patry à Claude Morin, 21 août 1965, ANQ, P422, S1. Passage aussi cité dans Sylvain Guilmain, *op. cit.*, p. 99.

50. Citation tirée de la correspondance électronique entre Claude Morin et Jean Décary. Voir Jean Décary, *op. cit.*, p. 52-53. Dans *L'art de l'impossible, op. cit.*, Claude Morin affirme que l'idée de créer une structure nouvelle de coordination internationale sur les relations du Québec avec l'extérieur provenait d'une «suggestion d'André Patry dont l'expérience et les connaissances en matière international avaient souvent été utiles. J'en devins le président et André Patry agit comme conseiller» (p. 43).

51. Jean Décary, *op. cit.*, p. 51.

52. *Ibid.*

53. Lettre d'André Patry à André Malraux, 17 septembre 1965, ANQ, P422, S1.

54. Selon Patry, il a lui-même trouvé le terme «intergouvernemental» que Morin aurait approuvé sans détour. Morin affirme plutôt que ce vocable lui est venu alors qu'il lisait une publication des Nations unies. Voir Jean Décary, *op. cit.*, p. 74.

55. «Le conseiller spécial s'appelait André Patry. Il est un de ceux qui, après expérience, a justement proposé de créer un ministère des Affaires intergouvernementales.» Claude Morin, *Mes premiers ministres...*, *op. cit.*, p. 618.

Notes du chapitre IV

1. Claude Morin, *L'art de l'impossible. La diplomatie québécoise depuis 1960*, Montréal, Boréal, 1987, p. 74.

2. André Patry, *Le Québec dans le monde*, Montréal, Leméac, 1980, p. 87.

3. Lettre d'André Patry à Claude Morin, 28 août 1965, ANQ, P422, S2-1.

4. Voir Pierre Godin, *Daniel Johnson, 1964-1968 : la difficile recherche de l'égalité*, Montréal, Boréal, 1980, p. 160.

5. Patry explique ce qu'est le protocole dans une lettre au Conseil exécutif du Québec en octobre 1966 : «[...] le protocole est le savoir-vivre des nations. Il est formé des prescriptions impératives qui déterminent la place respective des personnages officiels et la manière de se comporter à leur égard. Il est constitué de règles écrites et d'usages. [...] Le protocole repose sur la fonction et non la personne.» Citation tirée de Sylvain Guilmain, «Le rôle de Georges-Émile Lapalme et André Patry dans la mise en place d'une politique des relations internationales du Québec de 1960 à 1968», mémoire de maîtrise en histoire, Montréal, UQAM, 1999, p. 102.

6. Dale C. Thomson, *De Gaulle et le Québec*, Montréal, Éditions du Trécarré, 1990, p. 223.

7. Patry sait alors que Johnson est favorable à l'abolition du poste de lieutenant-gouverneur et à son remplacement par une fonction présidentielle. Lui-même voudrait faire disparaître définitivement ces traits coloniaux. Voir plus haut, chapitre II.

8. André Patry, *Le Québec dans le monde, op. cit.,* p. 88.

9. Lettre de Marcel Cadieux à Claude Morin, ANQ, P422, S2-1.

10. André Patry, *Le Québec dans le monde, op. cit.,* p. 89.

11. Voir « Dispositions générales relatives aux visites des chefs d'État au Québec au cours de l'année 1967 », le Chef du protocole, Présidence du Conseil exécutif, 15 mars 1967, ANQ, P422, S2.

12. Claude Morin, *Mes premiers ministres : Lesage, Johnson, Bertrand, Bourassa et Lévesque,* Montréal, Boréal, 1991, p. 280.

13. Lettre de Xavier Deniau à André Patry, le 6 octobre 1966, ANQ, P422, S5-1. Citation aussi disponible dans Sylvain Guilmain, *op. cit.,* p. 106.

14. Dale C. Thomson, *De Gaulle et le Québec, op. cit.,* p. 245.

15. *Ibid.,* p. 246.

16. Claude Morin, *L'art de l'impossible, op. cit.,* p. 97.

17. *Ibid.,* p. 98.

18. *Ibid.*

19. André Patry, *Le Québec dans le monde, op. cit.,* p. 111. Notons que cette allusion à un tableau de Goya n'est pas nécessairement très flatteuse pour Marc Lalonde! D'ailleurs, ce passage, repris par Claude Morin dans *L'art de l'impossible, op. cit.,* reçut particulièrement l'attention des lecteurs.

20. Lettre de Philippe Cantave à André Patry, 5 septembre 1967, ANQ, P422, S1. Soulignons que les deux hommes se connaissent depuis longtemps. Cantave avait écrit dans *L'Action catholique* à la même époque que Patry. De plus, alors qu'il agissait comme attaché de presse d'Haïti, Patry travaillait très souvent avec lui. Cette lettre témoigne d'ailleurs d'une certaine familiarité, Cantave se permettant des commentaires à propos de Madelaine, l'épouse d'alors du chef du protocole : « Je te félicite de ton choix. Tu as certainement en elle une précieuse collaboratrice. » Le 23 juillet 1974, dans une lettre, il offre à Patry de lui remettre, en sa qualité de doyen, l'Ordre international du bien public, dont le siège est à Paris. Le but de cet organisme est de récompenser tous ceux qui, de par le monde, se sont dévoués à la cause du bien public et ont fait valoir l'éminente dignité de la personne humaine. Le 12 novembre 1974, Patry recevra donc cette haute distinction, aussi remise à Winston Churchill, Franklin D. Roosevelt, John F. Kennedy, Paul Martin et à l'Académie française.

21. André Patry, *Le Québec dans le monde, op. cit.,* p. 130.

22. *Ibid.,* p. 106.

23. Cette Commission avait pour but de faire la lumière sur le bilinguisme et le biculturalisme dans les services gouvernementaux. Laurendeau tenta d'orienter les conclusions du rapport en faveur d'une reconnaissance d'un statut particulier du Québec, ce qui sera refusé par Dunton.

24. Contrat entre la Commission royale d'enquête sur le bilinguisme et le bi-culturalisme et André Patry, Ottawa, 20 novembre 1964, ANQ, P422, S3.

25. Enquête d'André Patry pour la Commission royale d'enquête sur le bilinguisme et le biculturalisme, p. 50, janvier 1967, ANQ, P422, S3.

26. André Patry, *Le Québec dans le monde, op. cit.*, p. 80.

27. *Ibid.*

28. Enquête d'André Patry pour la Commission…, *op. cit.*, p. 51.

29. *Ibid.*, p. 70.

30. *Ibid.*, p. 69.

31. Voir André Patry, *Mémoire sur la compétence en matière culturelle dans la constitution canadienne, à l'intention de Guy Frégault, sous-ministre des Affaires culturelles*, 1965, ANQ, P422, S2.

Notes du chapitre V

1. André Patry, «La politique du Québec dans le domaine de la coopéra-tion technique», mémoire sur le projet relatif à la coopération techni-que, 6 septembre 1965, ANQ, P422, S2.

2. *Ibid.*

3. Dale C. Thomson, *De Gaulle et le Québec*, Montréal, Éditions du Trécarré, 1990, p. 142.

4. André Patry, *Le Québec dans le monde*, Montréal, Leméac, 1980, p. 71.

5. Patry prend l'initiative de la venue officielle à Québec de l'ambassa-deur tunisien auquel il offre à ses frais un dîner au château Frontenac.

6. Lettre d'André Patry à Jean Lesage, 9 décembre 1961, ANQ, P422, S2.

7. Sylvain Guilmain, «Le rôle de Georges-Émile Lapalme et André Patry dans la mise en place d'une politique des relations internationales du Québec de 1960 à 1968», mémoire de maîtrise en histoire, Montréal, UQAM, 1999, p. 109.

8. Lettre de Habib Bourguiba Jr. à André Patry datée des 12-13 mars 1962, ANQ, P422, S2. Il est intéressant de constater, dans le fonds d'archives de Patry, la présence de nombreuses lettres évoquant ses qualités d'hôte. Par exemple, le consul général d'Italie le remercie pour sa col-laboration à l'inauguration de la nouvelle section de la Dante à Qué-bec et pour l'excursion dans la capitale. Voir Lettre de Paolo Canali, consul général d'Italie à Montréal, 11 décembre 1962, ANQ, P422, S1. Ou encore, le conseiller culturel du président des Émirats arabes unis le remercie pour l'accueil à l'aéroport de sa mission, ainsi que pour le dîner offert au Château Champlain. Voir lettre de l'United Arab Emirats Presidential Court of Abu Dhabi, Ezzeddin Ibrahim, cultural advisor to H. H. The president, 1er mai 1975, ANQ, P422, S1. Le ministre de l'Édu-cation du Koweït est également reconnaissant des efforts de Patry, afin que sa visite soit un succès, et de sa gracieuse hospitalité. Lettre de Jasem Al-Marzooq, 14 mai 1976, ANQ, P422, S1.

9. Voir André Patry, «Les relations entre la Tunisie et le Québec», rapport confidentiel daté du 23 août 1966, ANQ, P422, S2.

10. André Patry, *Le Québec dans le monde, op. cit.*, p. 75.

11. Il a fini par recevoir la lettre retenue par le sous-secrétaire d'État aux Affaires extérieures... Voir plus haut.

12. André Patry, «Les relations entre la Tunisie et le Québec», *op. cit.*, p. 3. Passage aussi cité par Sylvain Guilmain, *op. cit.*, p. 113.

13. André Patry, «Les relations du Québec avec le Maghreb», 31 août 1979, ANQ, P422, S2. Ce rapport est adressé à Claude Morin.

14. Il semble tenter de nouveau sa chance, au tout début de l'année 1966. Dans une lettre datée du 1er janvier 1966, Jerome T. Gaspard, ancien consul général des États-Unis, écrit à Patry qu'il n'a aucune chance, en ce moment, d'obtenir des exemptions de taxes pour la délégation québécoise à New York.

15. André Patry, *Le Québec dans le monde, op. cit.*, p. 115-116.

16. André Patry, *La compétence internationale des provinces canadiennes*, Montréal, André R. Dorais, 2003, p. 23.

17. Voir André Patry, «Actualité de l'Afrique», *Le Nouveau Journal*, 15 novembre 1961.

18. Lettre d'André Patry à Holden Roberto, 14 août 1962, ANQ, P422, S1.

19. Rencontre qui aurait bien eu lieu, selon le souvenir d'André Patry.

20. Lettre d'André Patry à Holden Roberto, 29 septembre 1962, ANQ, P422, S1.

21. Lettre d'André Patry à Holden Roberto, 29 août 1962, ANQ, P422, S1.

22. Rappelons que Patry a déjà fait l'expérience de ce type de recours avec son Comité d'accueil aux réfugiés hongrois. Voir le chapitre I.

23. Lettre d'Emmanuel Kounzika à André Patry, 27 décembre 1967, ANQ, P422, S1.

24. Lettre d'André Patry au ministre de l'Éducation, Kiwele, État du Katanga, 10 septembre 1961, ANQ, P422, S1.

25. Le ministère de l'Immigration est officiellement créé le 20 novembre 1968.

26. Patry était sûrement l'homme pour traiter avec les autorités italiennes. Non seulement il maîtrise la langue, mais il est passionné par la culture de ce pays. Il entretient pendant toute sa vie publique des liens avec l'Italie. On le constate à travers sa correspondance : lettre de Fabrizio Arlotta, consul général d'Italie, qui remercie Patry, conseiller auprès du sous-ministre des Affaires culturelles, pour l'intérêt porté par le gouvernement à l'Association culturelle Leonardo Da Vinci, 31 août 1972, ANQ, P422, S1 ; lettre de l'ambassade qui exprime son appréciation pour un article de Patry dans *Le Devoir* qui explique à l'opinion publique canadienne la position de l'Italie à l'égard des États africains et le rôle constructif qu'elle a en Afrique, 17 novembre 1962, ANQ, P422, S1 ; et finalement, son rôle dans les rapports œcuméniques, auquel nous reviendrons plus loin.

27. André Patry, *Le Québec dans le monde, op. cit.*, p. 113.

28. Lettre d'André Patry à Benjamin Rogers, 31 mars 1970, ANQ, P422, S1.

29. Note d'André Patry à Jean-Jacques Bertrand, 22 mars 1969, ANQ, P422, S2.

Notes du chapitre VI

1. Propos de Louise Beaudoin cités par Luc Chartrand, «Shalom Québec», *L'Actualité*, 1ᵉʳ décembre 1992.
2. Jean Décary, «Claude Morin et les relations internationales du Québec (1963-1980)», mémoire en histoire, Montréal, UQAM, 2002, p. 136.
3. Dans son livre *Mes premiers ministres* (Montréal, Boréal, 1991), Claude Morin explique que le style et la vision du gouvernement Bourassa l'amenèrent à démissionner. Aussi, il était sous-ministre depuis plus de huit années, ce qui est exceptionnel. Il savait bien qu'un tel emploi ne pouvait durer encore bien longtemps. De plus, il avait toujours voulu retourner à l'enseignement universitaire.
4. Lettre de Jules Brière, sous-ministre adjoint, à André Patry, 29 mai 1975, ANQ, P422, S2.
5. André Patry, «Pour une présence québécoise au sein du monde arabe», 4 avril 1974, ANQ, P422, S2.
6. Patry donnera lui-même des cours sur le monde arabe à l'Université Laval entre les années 1960 et les années 1980.
7. Patry se montre très actif dans le rapprochement entre l'islam et le christianisme. Nous y reviendrons.
8. André Patry, «Les relations du Québec avec le Proche-Orient», 31 août 1979, ANQ, P422, S2.
9. Lettre d'André Patry à Arthur Tremblay, classée confidentiel, 19 septembre 1974, ANQ, P422, S2.
10. Lettre du père Madet à Martin Laberge, sous-ministre des Affaires sociales, Beyrouth, 4 avril 1974, ANQ, P422, S2.
11. André Patry, «Les relations du Québec avec le Proche-Orient», *op. cit.*, p. 11.
12. Lettre d'André Patry à Gérard-D. Lévesque, vice-premier ministre et ministre des Affaires intergouvernementales, classée confidentiel, 24 mai 1974, ANQ, P422, S2.
13. Lettre du consul de Syrie de Montréal à André Patry, 2 avril 1974, ANQ, P422, S2.
14. André Patry, «Les relations du Québec avec le Proche-Orient», *op. cit.*, p. 12.
15. André Patry, «Trois gros clients en attente», 12 août 1977, ANQ, P422, S2, p. 9.
16. Voir lettre de l'United Arab Emirats Presidential Court of Abu Dhabi à André Patry, 1ᵉʳ mai 1975, ANQ, P422, S2 et lettre de Jasem Al-Marzooq, ministre de l'Éducation du Koweït, 14 mai 1976, ANQ, P422, S2.
17. André Patry, «Les relations du Québec avec le Proche-Orient», *op. cit.*, p. 15.
18. *Ibid.*, p. 13.
19. André Patry, «Opération Québec-Iraq», 29 août 1974, ANQ, P422, S2.
20. *Ibid.*
21. Ministre d'État à l'Industrie et au Commerce de 1970 à 1972 et ministre du Tourisme, de la Chasse et de la Pêche de 1972 à 1976.

22. Jim George, «Prime minister Bourassa visit Iran-audience with the Shah», document non daté, ANQ, P422, S2.

23. Soquem et la Banque de développement industriel et minier d'Iran prévoient l'organisation et la mise en opération d'une société gouvernementale chargée de promouvoir et d'organiser l'industrie minière en Iran.

24. Ces trois secteurs d'intervention sont le service de planification et d'expertise en administration, des stages de perfectionnement du personnel des cadres de la Khuzestan Water and Power Authority et une expertise auprès de Tavanir Co. en matière de planification des réseaux et de perfectionnement du personnel des transmissions.

25. Jim George, «Bilan de la visite du premier ministre Bourassa en Iran», document classé confidentiel, non daté, ANQ, P422, S2.

26. L'Iraq, qui soutenait fermement les Palestiniens et appelait au boycottage des produits provenant de l'État hébreu, avait même refusé de recevoir la visite du ministre fédéral Jean Chrétien et du premier ministre de l'Alberta, Peter Lougheed, parce que ces hommes d'État avaient inclus Israël dans leur tournée du Moyen-Orient.

27. Jean-François Lisée, *Dans l'œil de l'aigle*, Montréal, Boréal, 1990, p. 288.

28. Notons que René Lévesque, qui avait l'habitude de modifier considérablement les textes proposés par d'autres, reprit intégralement celui de Patry.

29. René Lévesque, 18 mai 1977, ANQ, P422, S2.

30. André Patry, «Les relations du Québec avec le Maghreb», 31 août 1979, p. 4, ANQ, P422, S2.

31. Patry mentionne le rapport de Richard Pouliot, alors sous-ministre des Affaires intergouvernementales, qui estime la valeur des contrats en vigueur en 1979 entre le Québec et l'Algérie à plus de 300 millions de dollars.

Notes du chapitre VII

1. André Patry, «Rapport sur la délégation générale en Belgique» (document sans titre), ANQ, P422, S2, 7 décembre 1978, p. 5.

2. *Ibid.*, p. 6.

3. *Ibid.*, p. 6-7.

4. *Ibid.*, p. 7.

5. *Ibid.*

6. *Ibid.*

7. Lettre de l'ambassadeur du Canada en Belgique à André Patry, 1er novembre 1978, ANQ, P422, S2.

Notes du chapitre VIII

1. André Patry, «Mémoire à Monsieur le Maire. Implantation d'organismes internationaux», 17 octobre 1988, ANQ, P422, S4.

2. André Patry, « Pour une politique d'implantation au Québec d'organismes internationaux », 31 octobre 1986, ANQ, P422, S4.

3. Les établissements publics internationaux sont des « organismes à vocation spéciale, dotés d'un régime international ou communautaire, pourvus de moyens et de pouvoirs autonomes, destinés à faire des prestations à des particuliers ou à réglementer l'usage par ces derniers du domaine public étatique ou interétatique. Trois éléments fondamentaux les caractérisent : a) le service au public ; b) l'autonomie financière ; c) les décisions prises à la majorité. » Voir André Patry, *La compétence internationale des provinces canadiennes*, Montréal, André R. Dorais, 2003, p. 27-28.

4. André Patry, *La représentation du Québec à l'étranger*, Montréal, André R. Dorais, 2003, p. 8.

5. André Patry, *La compétence internationale des provinces canadiennes*, *op. cit.*, p. 10.

6. Ce document nous fut personnellement remis par André Patry.

7. Note confidentielle d'André Patry, juriste-conseil, à Mme Louise Beaudoin, ministre des Relations internationales, « Relations de l'État québécois avec le Maghreb et le Proche-Orient », 25 septembre 2001. Ce document nous a été remis personnellement par André Patry.

8. André Patry, *Le Saint-Siège et l'Ordre souverain de Malte en droit international*, Montréal, André R. Dorais, 15 octobre 2003.

9. *Ibid.*, p. 13.

10. Lettre d'André Patry à Claude Morin, vice-ministre des Affaires fédérales-provinciales, 28 août 1965, ANQ, P422, S2.

11. Lettre confidentielle d'André Patry à Ilmo. Mons. Audrys Backis, Sotto-Segretario, Consiglio per gli Affari Pubblici, Città del Vaticano, 10 novembre 1983. Cette lettre nous fut remise personnellement par Patry. Soulignons que Backis deviendra archevêque en Lituanie et finalement cardinal.

12. Voir la revue *Neuve-France*, vol. 12, n° 2, printemps 1987, p. 9.

13. Précisons que l'Association Québec-France organise, entre autres, des programmes d'échanges entre la France et le Québec.

14. Lettre d'André Patry à Gilbert Perol, 26 mars 1987, ANQ, P422, S1.

15. André Patry, « Québec-France : une liaison à toute épreuve », *Le Devoir*, 14 juillet 1994, p. A7. Voir aussi l'article de Patry à propos des particularités et de l'histoire du triangle Paris-Ottawa-Québec : « Ces mots qui ne viennent pas... », *Le Devoir*, 12 février 1979. Voir également « Une attitude irréprochable », *Le Devoir*, 19 février 1979. Dans cet article, Patry décrit l'histoire des relations entre le Québec et la France et traite de la position française (non-ingérence, non-indifférence), qu'il défend, dans ses relations avec Québec et Ottawa. Soulignons que Raymond Barre vient alors juste de visiter le pays.

16. Voir André Patry, « Notre destin américain », *Le Devoir*, 23 juin 1997, p. A7.

17. Lettre d'André Patry au ministre Benoît Pelletier, 9 juin 2004, archives personnelles de Patry.

18. Voir <www.gnb.ca/cnb/newsf/iga/2004f0731ig.htm>.

Notes de la conclusion

1. André Beaulieu, « Le Fonds André Patry : source de l'histoire des relations internationales du Québec (2) », *Bulletin d'histoire politique*, vol. 4, nᵒ 3.
2. Entrevue avec Antoine Robitaille, « André Patry : l'internationaliste de la Révolution tranquille », *Le Devoir*, 6 octobre 1997, p. B1.
3. Jean-François Lisée, *Dans l'œil de l'aigle*, Montréal, Boréal, 1990, p. 63.
4. Entrevue avec Antoine Robitaille, *loc. cit.*

Table

Introduction 9

CHAPITRE PREMIER
Premières armes en relations internationales :
les années 1940 et 1950 19

CHAPITRE II
La pensée d'André Patry
sur le statut particulier du Québec 41

CHAPITRE III
La formulation par André Patry
de la doctrine Gérin-Lajoie 57

CHAPITRE IV
Le chef du protocole 75

CHAPITRE V
Le diplomate en action 87

CHAPITRE VI
André Patry et le monde arabe 103

CHAPITRE VII
Le délégué général 117

CHAPITRE VIII
Des années 1980 à nos jours 123

Conclusion 137

Notes 139

CET OUVRAGE
COMPOSÉ EN PALATINO 11 POINTS SUR 13
A ÉTÉ ACHEVÉ D'IMPRIMER
LE TROIS MARS DEUX MILLE CINQ
SUR LES PRESSES DE TRANSCONTINENTAL
POUR LE COMPTE DE
VLB ÉDITEUR.

IMPRIMÉ AU QUÉBEC (CANADA)